案例效果

打地鼠

接香蕉　　　　运苹果

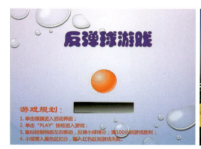
反弹球

赛车

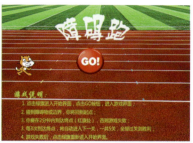
障碍跑

小青蛙换装

布置熊猫屋

冰淇淋 DIY

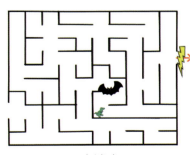
走迷宫

背单词

快乐七巧板

# Scratch 游戏编程趣味课堂

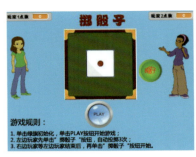
投骰子

记忆翻牌

动物连连看

小小神枪手

打砖块

星球大战

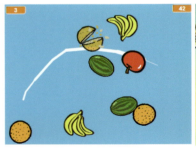
水果切切乐

愤怒的小鸟

飞天企鹅冲关记

深海大战

贪吃蛇游戏

拼图游戏

## 内 容 简 介

Scratch是目前流行的少儿编程工具，它不仅易于使用，又能够寓教于乐，让孩子们充分获得创作的乐趣。

游戏是孩子们最喜欢的程序。本书通过8章内容，带领读者制作出24个游戏，极大地调动他们学习编程的积极性。

本书需要读者初步了解Scratch，适合有一定编程基础的青少年提高计算机编程水平，也适合希望辅导孩子进行编程训练的家长和少儿编程培训机构的教师使用。

本书封面贴有清华大学出版社防伪标签，无标签者不得销售。

版权所有，侵权必究。举报：010-62782989，beiqinquan@tup.tsinghua.edu.cn。

图书在版编目(CIP)数据

Scratch游戏编程趣味课堂 / 方其桂 主编. —北京：清华大学出版社，2019（2024.8重印）
ISBN 978-7-302-51852-5

Ⅰ. ①S… Ⅱ. ①方… Ⅲ. ①程序设计—中小学—教材 Ⅳ. ①G634.671

中国版本图书馆CIP数据核字(2018)第272360号

责任编辑：李　磊　焦昭君
封面设计：王　晨
版式设计：孔祥峰
责任校对：牛艳敏
责任印制：杨　艳

出版发行：清华大学出版社
    网　　址：https://www.tup.com.cn, https://www.wqxuetang.com
    地　　址：北京清华大学学研大厦A座　　邮　　编：100084
    社 总 机：010-83470000　　邮　　购：010-62786544
    投稿与读者服务：010-62776969，c-service@tup.tsinghua.edu.cn
    质 量 反 馈：010-62772015，zhiliang@tup.tsinghua.edu.cn
印 装 者：涿州市般润文化传播有限公司
经　　销：全国新华书店
开　　本：170mm×230mm　　插　页：1　　印　张：12.5　　字　数：259千字
版　　次：2019年2月第1版　　印　次：2024年8月第6次印刷
定　　价：69.80元

产品编号：081475-02

# PREFACE 前言

## 1. 学习游戏编程的意义

随着网络和手机的普及，许多孩子沉迷游戏，家长们大多对游戏深恶痛绝，究其原因是，孩子对游戏中的虚拟世界产生了依赖，沉溺于游戏的虚幻之中，家长们一味强堵、打压无助于问题解决，甚至可能起到反向效果。如果让孩子们自己设计制作游戏，他们就知道游戏不过是程序和代码组成的，玩游戏不过是改变程序中的数字而已，这无疑会极大地改变他们玩游戏的心态，认识到游戏中的一切都是由人设计和编写出来的，从而减轻依赖感。也就是说，让孩子学习编制游戏是避免他们沉迷游戏的灵丹妙药。

## 2. Scratch 软件的优点

Scratch 是目前流行的少儿编程工具，它把枯燥乏味的数字代码变成"积木"状的模块，让孩子在搭建积木的过程中学习编程，它非常适合孩子的编程启蒙，具体有如下优点。

- **入门容易** 其使用界面生动有趣，不需要有编程基础，适合读者初次学习编程时使用。
- **声画具备** 用 Scratch 编制动画程序，可以将各种图像作为背景，选择喜欢的角色，配置丰富的声音，制作出有声、有色的好玩游戏。
- **能力提升** 让读者在游戏设计过程中逐渐形成逻辑分析、独立思考创新的思维方式，学会提出问题，解决问题。

## 3. 本书结构

本书以游戏为任务驱动，按游戏类型分成 8 章，每章有 3 个游戏案例，游戏制作难度从简单到复杂，层层递进。前 3 章为基础篇，每章完全呈现游戏的制作步骤；后 5 章针对游戏制作的关键点进行剖析，教会读者设计的方法。每个案例设计多个栏目，便于学习。

- **玩一玩** 让读者玩游戏，在玩中体验游戏。
- **想一想** 在玩中思考，了解游戏规则，学会规划设计游戏。
- **做一做** 学着做，实现游戏效果，掌握游戏的制作方法。
- **读一读** 介绍游戏中运用到的积木或游戏中的重点算法。
- **练一练** 拓展练习，鼓励读者创新作品。

## 4. 本书特色

本书适合已经接触或学习过 Scratch 编程，且对 Scratch 感兴趣的少年儿童阅读，也适合家长和老师作为指导少年儿童程序设计的提升教程。为了充分调动读者学习的积极性，在编写时努力体现如下特色。

- **案例丰富** 本书案例丰富，涉及游戏编程的诸多类别，内容编排合理，难度适中。每个案例都有详细的分析和制作指导，降低了学习的难度，使读者对所学知识更加容易理解。
- **图文并茂** 本书使用图片替换了大部分的文字说明，一目了然，让学习者能轻松读懂描述的内容。具体操作步骤图文并茂，用精美的图片和详细的文字说明来讲解程序的编写，便于读者边学边练。
- **资源丰富** 本书配备了所有案例的素材和源文件，为读者自学录制了微课，从数量上到内容上都有着更多的选择。在使用本书时，可以先用手机扫描书中的二维码，借助微课先行学习，然后再利用本书上机操作实践。
- **形式贴心** 对读者在学习过程中可能会遇到的疑问，以"提个醒"和"读一读"等栏目进行说明，避免读者在学习的过程中走弯路。

## 5. 本书作者

参与本书编写的作者有省级教研人员，以及具有多年教学经验的中小学信息技术教师，他们曾经编写并出版过多本 Scratch 编程书籍，有着丰富的教材编写经验。

本书由方其桂担任主编，王军、戴静担任副主编，由黄金华（第 1、4 章）、何源（第 2、5 章）、刘蓓（第 3 章）、戴静（第 6 章）、张小龙（第 7 章）、王军（第 8 章）等人编写，随书资源由方其桂整理制作。

读者在学习使用的过程中，对同样案例的制作，可能会有更好的制作方法，也可能对书中某些案例的制作方法的科学性和实用性提出质疑，敬请读者批评指导。我们的图书服务电子邮箱为 wkservice@vip.163.com。

本书附赠了书中案例的素材、源文件和视频微课。读者可扫描下面的二维码，并将内容推送到自己的邮箱中，然后下载获取（注意：请将这两个二维码下的压缩文件全部下载完毕后，再进行解压，即可得到完整的文件）。

方其桂

# CONTENTS 目录

## 第1章 动作游戏
- 案例1 打地鼠 ...... 2
- 案例2 接香蕉 ...... 9
- 案例3 运苹果 ...... 16

## 第2章 体育游戏
- 案例1 反弹球 ...... 26
- 案例2 赛车 ...... 33
- 案例3 障碍跑 ...... 40

## 第3章 装扮游戏
- 案例1 小青蛙换装 ...... 53
- 案例2 布置熊猫屋 ...... 60
- 案例3 冰淇淋DIY ...... 67

## 第4章 智力游戏
- 案例1 走迷宫 ...... 76
- 案例2 背单词 ...... 83
- 案例3 快乐七巧板 ...... 89

# 第 5 章　益智游戏

- 案例 1　投骰子 ............................................. 97
- 案例 2　记忆翻牌 ......................................... 103
- 案例 3　动物连连看 ..................................... 114

# 第 6 章　射击游戏

- 案例 1　小小神枪手 ..................................... 124
- 案例 2　打砖块 ............................................. 130
- 案例 3　星球大战 ......................................... 138

# 第 7 章　竞技游戏

- 案例 1　水果切切乐 ..................................... 148
- 案例 2　愤怒的小鸟 ..................................... 155
- 案例 3　飞天企鹅冲关记 ............................. 164

# 第 8 章　策略游戏

- 案例 1　深海大战 ......................................... 176
- 案例 2　贪吃蛇 ............................................. 182
- 案例 3　拼图游戏 ......................................... 188

# 第 1 章　动作游戏

动作小游戏对人们舒缓压力具有一定的作用，并能考验人的反应能力，深受人们的喜爱。在游戏中，主要是玩家操作技能的熟练程度起着决定性的作用。动作游戏的代表作品有"超级玛丽""半条命""侠盗猎车手系列"等。

本章围绕动作游戏主题，设计了常见的"打地鼠""接香蕉""运苹果"3个游戏。3个游戏的难度层层递进，将变量、条件判断、侦测的应用，以及游戏场景切换、角色造型的切换等制作技巧融入其中。

学习内容

-  案例 1　打地鼠
-  案例 2　接香蕉
-  案例 3　运苹果

**Scratch 游戏编程趣味课堂**

# 案例 1　打地鼠

扫一扫，看视频

游戏"打地鼠"是通过快速移动鼠标在地鼠上单击，达到打地鼠的目的。成功打击一次，计 1 分，游戏界面如图 1-1 所示。

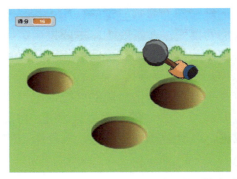 

图 1-1　游戏"打地鼠"效果图

## 玩一玩

**与小伙伴一起玩一玩，并说一说自己的新发现**

- ♡ 场景：＿＿＿＿＿＿＿＿＿＿＿＿＿＿＿＿＿＿＿＿＿＿＿＿＿＿＿＿
- ♡ 角色：＿＿＿＿＿＿＿＿＿＿＿＿＿＿＿＿＿＿＿＿＿＿＿＿＿＿＿＿
- ♡ 规则：＿＿＿＿＿＿＿＿＿＿＿＿＿＿＿＿＿＿＿＿＿＿＿＿＿＿＿＿

## 想一想

###  1. 情节规划

游戏"打地鼠"需要制作游戏背景和 2 个角色（锤子、地鼠），规划分析如图 1-2 所示。单击 ▶ 按钮开始游戏，"锤子"会自动跟踪光标，单击鼠标，"锤子"会切换到第 2 个造型，"地鼠"随机出现在一个洞中，当"地鼠"被打中时，会切换到第 2 个造型、第 3 个造型，得分会增加 1 分，1 秒内不被击中，会隐藏，然后再随机出现。

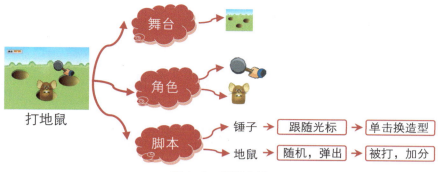

图 1-2 规划分析

### 2. 脚本规划

为了实现"打地鼠"游戏的功能,要对背景、每个角色进行细致的规划分析,具体说明如表 1-1 所示。

表 1-1 脚本规划

| 舞台 | 角色 | 动画情景 | Scratch 积木 |
|---|---|---|---|
| 游戏背景 | 锤子 | ★程序开始时,把光标移动到游戏界面内,锤子自动跟随光标<br>★单击鼠标,锤子会切换到打击状态 | 事件 当▶被单击;当单击鼠标<br>数据 新建变量;设定变量得分值 0,时间值 60<br>运动 移动光标坐标 |
| | 地鼠 | ★随机出现在一个洞中,等待 1 秒<br>★若碰到锤子,并且锤子处于打击状态,则切换造型 2,等待 0.5 秒,切换造型 3 | 事件 当角色被单击<br>控制 如果……那么……<br>外观 切换造型<br>运算 等于 |

## 做一做

### 1. 认识工作界面

首次运行 Scratch 软件,默认是英文版,为方便学习使用,可以将其设置成简体中文版。

**01 启动软件** 双击桌面上的 Scratch 快捷图标,即可启动 Scratch 软件。

**02 认识工作界面** Scratch 软件的工作界面分为 4 个区域,如图 1-3 所示分别是舞台区、角色区、积木区和脚本区。

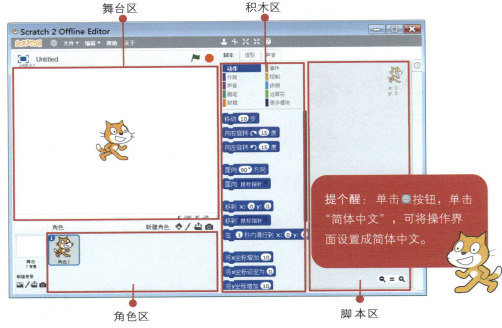

图1-3 Scratch工作界面

## 2. 准备场景和角色

制作游戏,首先要准备好背景和相应的角色。该游戏中的角色有2个:锤子、地鼠。

**设置游戏背景**

新建项目时,系统会自动设置一个纯白色背景,当白色背景不能满足游戏需要,可以添加适合游戏的背景,删除白色背景。

01 **新建项目** 启动Scratch软件后,选择"文件"→"另存为"命令,将项目文件保存为"打地鼠.sb2"。

02 **添加背景** 按图1-4所示操作,为项目添加背景。

03 **删除背景** 由于新建项目时系统自带白色背景,按图1-5所示操作,删除用不到的白色背景。

第 1 章　动作游戏

图 1-4　添加背景

图 1-5　删除背景

### 添加游戏角色

项目的初始状态中，有 1 个角色"小猫"，本游戏中需要 2 个角色：地鼠、锤子，故"小猫"这个角色要删除。

**01 删除角色**　在角色区中右击"小猫"角色，选择"删除"命令，删除角色"小猫"。

**02 添加角色"地鼠"**　单击角色区中的 按钮，从"图片素材"文件夹中将"地鼠 1"图片添加到角色区中。

**03 添加"地鼠"造型**　按图 1-6 所示操作，把"地鼠 2"和"地鼠 3"作为"地鼠"的其他 2 个造型添加进来。

5

图1-6 添加"地鼠"造型

**04** **设置"地鼠2"造型中心** 在舞台区中把"地鼠2"拖放到下边洞的合适位置,按图1-7所示操作,设置"地鼠2"中心点位置,使"地鼠2"下边与洞下边重合。

图1-7 设置"地鼠2"造型中心

**05 设置"地鼠3"造型中心** 按照上述操作方法,设置"地鼠3"造型中心位置。

**06 添加"锤子"角色** 按上述操作方法,添加"锤子"的2个造型,并设置中心位置。

### 3.设置角色脚本

添加好游戏背景和角色后,根据规划的各角色功能,设置相对应的角色脚本。

#### 设置"锤子"脚本

游戏开始后,角色"锤子"要能够随着鼠标移动,且鼠标单击时"锤子"能切换到"锤子2"造型。

**01 角色算法分析** 当单击 ▶ 按钮后,角色"锤子"跟随鼠标移动,单击鼠标时,切换到"锤子2"造型,等待0.5秒后,切换到"锤子1"造型。

**02 添加脚本** 在角色区中选择"锤子"角色,单击"脚本"标签,按图1-8所示操作,添加"锤子"脚本。

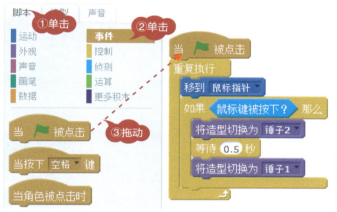

图1-8 角色"锤子"脚本

#### 设计"地鼠"脚本

"地鼠"随机出现在其中一个洞中,被"锤子"击中后,切换到"地鼠"的后边2个造型。

**01 角色算法分析** 涉及角色"地鼠"的算法分析,如图1-9所示。

**02 初始状态脚本** 游戏刚开始时,不显示角色"地鼠",脚本如图1-10所示。

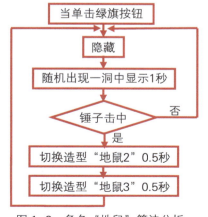

图1-9 角色"地鼠"算法分析　　图1-10 初始状态脚本

03 **随机出现脚本** 要让地鼠在 3 个洞中随机出现,还需要定义 1 个变量,来存放产生的随机数,按图 1-11 所示操作,添加随机出现脚本。

图 1-11　随机出现脚本

04 **判断被击中脚本** 在"地鼠"出现过程中,要不断检测是否被"锤子"击中,击中得分增加 1 分,添加如图 1-12 所示的脚本。

05 **保存文件** 运行、测试程序,以"打地鼠(终).sb2"为名保存文件。

图 1-12　击中状态检测脚本

# 读一读

## 1. Scratch 软件界面组成

Scratch 软件中每个区域、每个按钮都具有不同的功能,如表 1-2 所示。

表 1-2　Scratch 软件界面组成

| 名称 | 作用 |
| --- | --- |
| 积木区 | 提供各类指令模块,供编写脚本时选择使用 |
| 脚本区 | 用于搭建角色脚本的区域 |
| 舞台区 | 角色表演的地方,编好的动画效果在这里呈现 |
| 角色区 | 角色的创建区,所有角色都在这里创建 |
| 控制区 | 控制脚本的执行和停止 |
| 角色设置工具 | 辅助角色编辑,包括调整大小、删除角色等 |

## 2. 积木

在 Scratch 中，共分 8 大类 100 多个积木，不同类型的积木用不同的颜色，利用这些积木可以搭建出各种各样的程序。

- ♡ **动作** 控制角色的位置、方向、旋转及移动。
- ♡ **外观** 控制角色的造型及特效，并提供文本框显示。
- ♡ **声音** 控制声音的播放、音量，设置乐器，弹奏音符。
- ♡ **画笔** 执行画笔绘图功能，设置画笔颜色、画笔大小。
- ♡ **事件** 设定当出现什么事件时，就执行什么样的控制。
- ♡ **控制** 设定当某事件发生时执行程序、控制程序流程。
- ♡ **侦测** 获取鼠标信息，获取与对象的距离、碰撞判断。
- ♡ **数字和逻辑运算** 逻辑运算、算术运算、字符串运算，获取随机数。
- ♡ **变量** 生成变量来存储程序执行时所需的信息。

## 3. 角色造型

在 Scratch 中，角色是用图片表现出来的，为了使角色出现动画效果，在不同时间使用不同图片来显示，交替出现就会显示出角色在动，同一角色不同图片称为角色的造型。如小猫的 2 个造型  不断切换，就可以形成"小猫"走路的动作。

# 练一练

## 1. 改一改

尝试增加游戏难度，可以缩短"地鼠"显示时长，原来程序中地鼠显示 1 秒，如果把显示时间改成 0.6 秒，你还容易击中吗？请你修改一下试一试。

## 2. 试一试

制作有 6 个地洞的"打地鼠"游戏，你行吗？

# 案例 2 接香蕉

游戏"接香蕉"是通过键盘上、下、左、右键控制猴子运动，接香蕉，躲避炸弹。接住香蕉一次，加 5 分，被"炸"一次，减 3 分，游戏时间定在 60 秒，60 秒后，游戏结束，游戏界面效果如图 1-13 所示。

扫一扫，看视频

图 1–13　游戏"接香蕉"效果图

##  玩一玩

与小伙伴一起玩一玩，并说一说自己的新发现

♡ 场景：＿＿＿＿＿＿＿＿＿＿＿＿＿＿＿＿＿＿＿＿＿＿＿＿＿＿＿

♡ 角色：＿＿＿＿＿＿＿＿＿＿＿＿＿＿＿＿＿＿＿＿＿＿＿＿＿＿＿

♡ 规则：＿＿＿＿＿＿＿＿＿＿＿＿＿＿＿＿＿＿＿＿＿＿＿＿＿＿＿

## 想一想

### 1. 情节规划

制作"接香蕉"游戏，游戏分析如图 1–14 所示。需要制作游戏背景和 3 个角色（猴子、香蕉和炸弹）。单击  按钮，运行游戏，按下键盘上的向左、向右箭头键，猴子会向左、向右移动，"接"一次加 5 分，被"炸"一次减 3 分，60 秒后游戏结束。

### 2. 脚本规划

为了实现"接香蕉"游戏的功能，要对背景、每个角色进行细致的规划分析，具体说明如表 1–3 所示。

第 1 章 动作游戏

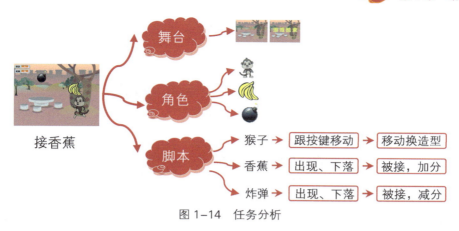

图 1-14 任务分析

表 1-3 脚本规划

| 舞 台 | 角 色 | 动画情景 | Scratch 积木 |
|---|---|---|---|
| 运行背景<br><br>结束背景 | 猴子 | ★程序开始时，显示第 1 个造型<br>★按下←键，切换第 2 个造型，左移 10 步<br>★按下→键，切换第 2 个造型，右移 10 步 | 事件 当 被单击；当按键按下<br>数据 新建变量；设定变量得分值 0, 时间值 60<br>运动 移动，切换造型<br>外观 切换背景 |
| | 香蕉 | ★开始隐藏<br>★随机出现在上方<br>★若碰到猴子，加 5 分，隐藏 | 控制 如果……那么……<br>侦测 碰到……<br>运算 随机数 |
| | 炸弹 | ★开始隐藏<br>★随机出现在上方<br>★若碰到猴子，减 3 分，切换造型 | 控制 如果……那么……<br>侦测 碰到……<br>运算 随机数 |

 **做一做**

**1. 设置场景和角色**

制作游戏，首先要准备好背景和相应的角色，该游戏中的角色有猴子、香蕉和炸弹。

**设置游戏背景**

游戏背景可以从外部导入图片，也可以从系统自带的背景图库中选择，系统背景图库中有大量的各类背景图。

**01 新建项目** 启动 Scratch 软件后，将项目文件保存为"接香蕉.sb2"。

**02 添加游戏背景** 按图 1-15 所示操作，添加图片作为游戏背景。

图 1-15 添加游戏背景

**03 删除背景** 由于本游戏白色背景用不到，将白色背景删除。

**04 添加结束背景** 游戏结束背景是在开始背景上添加"Game Over！"文字，按图 1-16 所示操作，为项目添加结束背景。

图 1-16 添加结束背景

第 1 章 动作游戏

## 提个醒

Scratch 1.4 版本可以在背景中添加汉字，但 Scratch 2.0 只能在背景中添加英文文字；如果想添加中文，可在其他图像处理软件中添加汉字，再导入背景。

### 添加游戏角色

根据游戏规划，要删除原来的"小猫"角色，添加 3 个角色：猴子、香蕉和炸弹。

01 **删除角色** 在角色区中，删除"小猫"角色。

02 **添加角色"猴子"** 单击角色列表区域中的 按钮，添加"monkey1" 图片作为"猴子"角色。

03 **添加其他角色** 按照上述方法添加"香蕉"角色。将"素材"文件夹中的"炸弹1.png"图片添加为角色"炸弹"，并添加"炸弹2"为角色的第 2 个造型。

### 2．设置角色脚本

添加好游戏背景和角色后，根据规划的各角色功能，设置相对应的角色脚本。

### 设置游戏初始化

游戏初始设置，如得分为 0，时间设置为 60 秒，定义变量"得分""时间"等。不适宜在角色中设置的，可在"背景"中设置相应的脚本。

01 **游戏初始化分析** 单击 按钮，将舞台切换到"游戏背景"，得分为 0，时间设为 60，倒计时，时间为 0 时，游戏结束。

02 **初始化脚本** 添加如图 1-17 所示的脚本，用于游戏初始化。

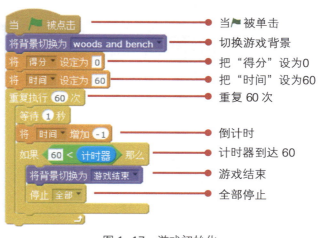

图 1-17 游戏初始化

13

## 设计角色脚本

本游戏中涉及的角色有猴子、香蕉和炸弹，它们各有不同的任务，需要根据不同的任务来设计各自的脚本。

**01 角色"猴子"分析与脚本** 单击 ▶ 按钮后，按 ← 键，"猴子"左移10步，切换下一个造型，按 → 键，向右移动，猴子的角色算法分析和角色脚本如图1–18所示。

图1–18 "猴子"角色算法分析与脚本

**02 角色"香蕉"算法分析** 单击 ▶ 按钮，"香蕉"隐藏，随机出现在舞台顶部，在3秒中随机等待，3秒内移到舞台下方，如果在下落中碰到"猴子"，则加5分，隐藏。

**03 角色"香蕉"脚本** 给角色"香蕉"添加如图1–19所示的脚本。

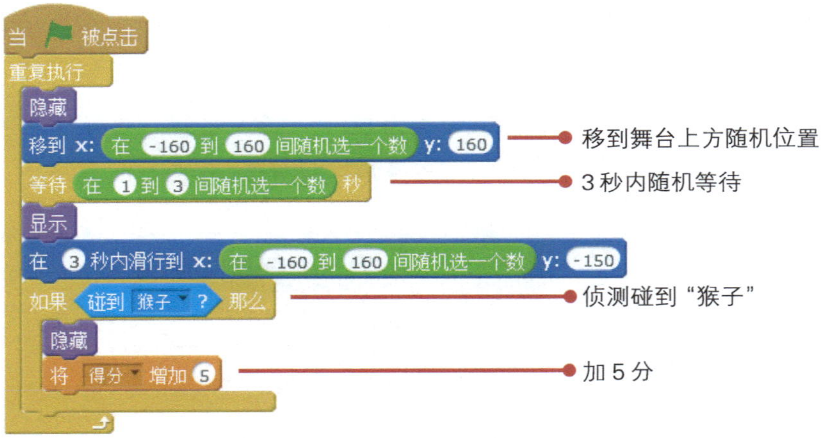

图1–19 "香蕉"脚本

**04 角色"炸弹"算法分析** 涉及角色"炸弹"的算法分析，如图1–20所示。

**05 角色"炸弹"脚本** 给角色"炸弹"添加如图1–21所示的脚本。

**06 保存文件** 运行、测试程序，以"接香蕉(终).sb2"为名保存文件。

第1章 动作游戏

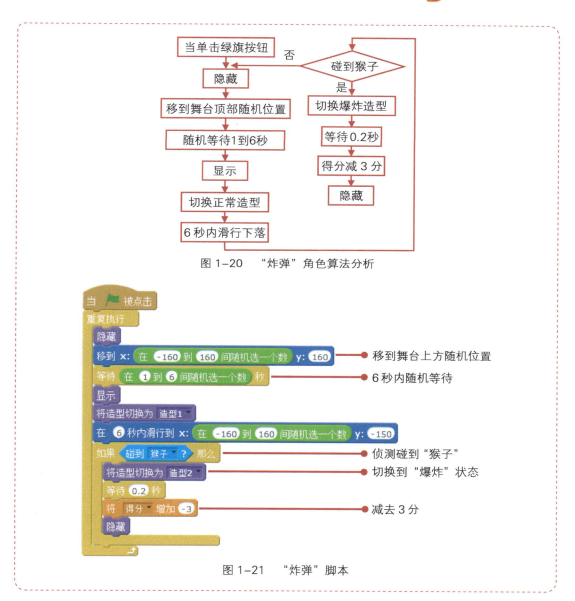

图1-20 "炸弹"角色算法分析

图1-21 "炸弹"脚本

## 1. 新建舞台背景

Scratch软件中新建舞台背景有4个按钮，每个按钮都具有不同的功能，如表1-4所示。

表1-4　新建舞台背景按钮及功能

| 按钮图标 | 名称 | 作用 |
|---|---|---|
|  | 选择背景 | 从Scratch内置的背景库中选择背景图片 |
|  | 绘制背景 | 用绘图工具绘制背景图片 |
|  | 上传背景 | 使用保存在计算机或设备中的图片作为背景 |
|  | 拍摄背景 | 用计算机上的摄像头或网络摄影机拍摄图片作为背景 |

## 2. Scratch的常用图标及功能

Scratch软件除了菜单命令外，还提供了一些图标，方便操作，如运行程序、停止程序等，常用的图标及其功能如表1-5所示。

表1-5　常用图标及其功能

| 图标 | 作用 | 图标 | 作用 |
|---|---|---|---|
|  | 运行 |  | 停止 |
|  | 全屏显示 |  | 积木说明 |
|  | 复制 |  | 删除 |
|  | 放大 |  | 缩小 |

## 练一练

### 1. 改一改

尝试增加游戏难度，可以加快"炸弹"，再现次数和运动速度，原来程序中炸弹等待时间和随机出现时间最大都是6秒，如果把这些时间改成3秒，你还能得这些分吗？

### 2. 试一试

你能根据本课所学知识，制作有2个香蕉、2个炸弹和1个猴子的接香蕉的游戏吗？

## 案例3　运苹果

游戏"运苹果"是通过鼠标引导"咪尼"在地洞内"运苹果"，运送时不触碰墙壁，碰到墙壁就失去1条命，共有3条命。如果3次不能达到地面，则整个游戏失败；如果到达地面，则游戏成功，

扫一扫，看视频

顺利进入下一关。游戏界面效果如图 1-22 所示。

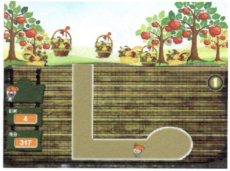

图 1-22 游戏"运苹果"效果图

##  玩一玩

与小伙伴一起玩一玩，并说一说自己的新发现
- 场景：_____
- 角色：_____
- 规则：_____

##  想一想

### 1. 情节规划

制作"运苹果"游戏，游戏分析如图 1-23 所示。需要制作 6 个游戏背景和 6 个角色。单击 ▶ 按钮，运行游戏；单击"游戏说明"文字，游戏会转到"游戏说明背景"；单击"返回"按钮，可以返回到游戏开始页面；单击"开始"按钮，游戏会转到"第一关"界面开始游戏。

### 2. 脚本规划

为了实现"运苹果"游戏的功能，要对背景、每个角色进行细致的规划分析，具体说明如表 1-6 所示。

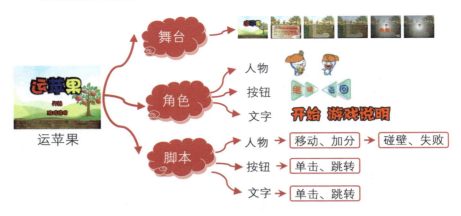

图 1-23  任务分析

表 1-6  脚本规划

| 舞 台 | 角 色 | 动画情景 | Scratch 积木 |
|---|---|---|---|
| 开始背景 | 文字按钮 开始 游戏说明 | ★单击▶时，背景切换到"开始背景"<br>★单击"开始"按钮，背景切换到"第一关背景"<br>★单击"游戏说明"按钮，背景切换到"游戏说明" | 事件 当▶被单击；当角色被单击；跳转<br>外观 切换背景 |
| 游戏说明 | 按钮 | ★单击"继续"按钮，背景切换到"第一关背景" | 事件 当角色被单击；跳转<br>外观 切换背景 |
| 第一关背景 | 3个人物角色 | ★背景转到"第一关背景"，角色显示<br>★如果运苹果的人碰到墙壁1次，则隐藏1个人物角色 | 外观 显示、隐藏 |
| 结束背景 | 1个运苹果人物 | ★背景转到"第一关背景"，角色固定位置显示<br>★人物跟随光标移动<br>★人物碰到白色墙壁，返回到起点 | 运动 移动<br>控制 如果……那么……<br>数据 得分，时间、次数 |
| | 返回按钮 | ★背景转到"失败"，"返回"角色显示<br>★"返回"被单击，背景转到"游戏开始" | 事件 当角色被单击 |

 做一做

### 1. 设置场景和角色

制作游戏前，要准备好游戏背景和角色素材，先设置游戏背景，接着再设置角色。

## 设置游戏背景

本游戏涉及的背景较多：开始背景、游戏说明、第一关和第二关背景、小失败背景、失败背景、成功背景等。

**01 新建项目** 启动 Scratch 软件，将项目文件保存为"运苹果.sb2"。

**02 添加背景** 单击舞台背景区中的 按钮，从"运苹果/图片素材"文件夹中为项目添加 6 个背景：开始背景、游戏说明、第一关背景、小失败、失败和成功。

**03 删除背景** 将不需要的白色背景删除。

### 提个醒

在收集游戏素材时，可从网上的有关游戏中进行截图。如果不符合要求，可以先在其他图像处理软件中进行处理，再作为背景导入使用。

## 添加游戏角色

根据游戏规划，要删除原来的"小猫"角色，添加多个角色：咪尼（抱苹果）、咪尼（2个副本）对应 3 次生命和一些按钮角色。

**01 删除角色** 在角色区域中删除"小猫"角色。

**02 添加角色** 单击角色列表区域中的 按钮，从"运苹果/图片素材"文件夹中为项目添加角色：抱苹果、咪尼、游戏说明、开始、返回、继续。

## 2. 设置角色脚本

添加好游戏背景和角色后，根据规划的各角色功能，设置相对应的角色脚本。

### 游戏初始化

游戏初始设置：当单击 ▶ 时，游戏要转到"游戏开始"场景，需要将变量"时间"和"得分"设置成 0。

**01 游戏初始化分析** 游戏开始时，要把背景设置在"开始背景"，把变量"得分"和"时间"隐藏。

**02 初始化脚本** 添加如图 1-24 所示的脚本，用于游戏初始化。

图 1-24 游戏初始化

### 设置角色脚本

游戏开始后，抱着苹果的"咪尼"角色，要能够跟着鼠标移动，若碰"墙壁"就会"失败"，如果碰壁3次，则全部失败。

**01　角色"咪尼"算法分析**　"运苹果"的"咪尼"的角色算法分析如图1-25所示。

**02　角色"咪尼"脚本**　"运苹果"的"咪尼"在游戏开始时是隐藏状态，其在第一关游戏的脚本如图1-26所示。

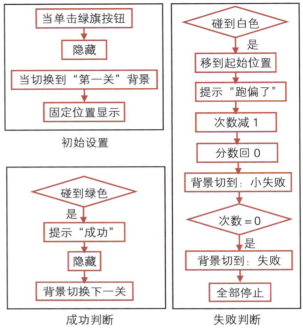

图1-25　角色算法分析

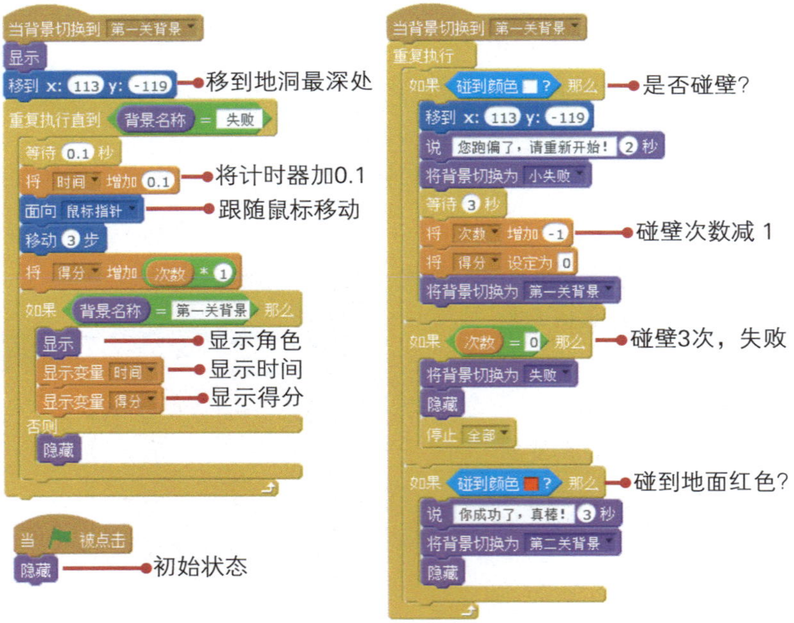

图1-26　第1关"咪尼"脚本

### 设计"开始"脚本

"开始"按钮只在"游戏开始"时出现,随后的所有场景都是隐藏的,单击它,场景会跳转到"第一关"。

**01 角色算法分析** "开始"是在角色列表区域中添加的,它的作用只相当于一个链接按钮,其算法分析如图 1-27 所示。

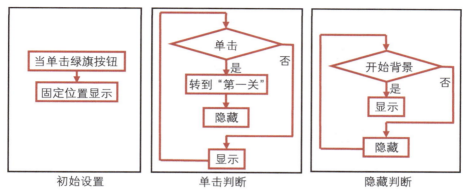

图 1-27 "开始"按钮角色算法分析

**02 "开始"按钮脚本** 给角色"开始"按钮添加如图 1-28 所示的脚本。

图 1-28 "开始"按钮脚本

**03 设置广播消息** 按图 1-29 所示操作,新建广播消息"第一关"。

图 1-29 新建广播消息

### 其他"按钮"脚本

本游戏还用到的按钮有返回、继续和游戏说明，它们的功能和设计脚本与"开始"按钮很相近。

**01** **"继续"按钮脚本** 给"继续"按钮添加如图 1–30 所示的脚本。

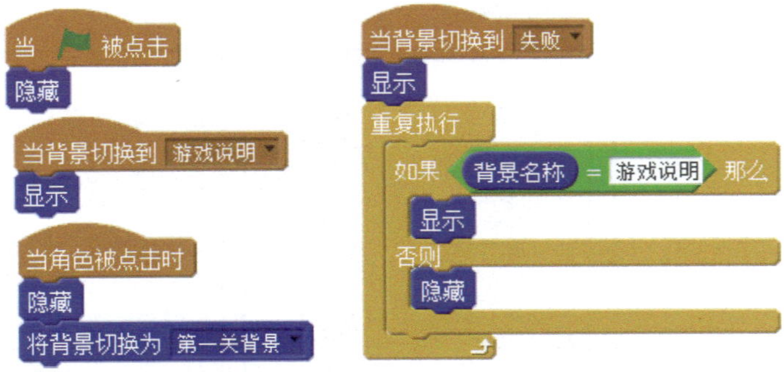

图 1–30　"继续"按钮脚本

**02** **"返回"按钮脚本** 给"返回"按钮添加如图 1–31 所示的脚本。

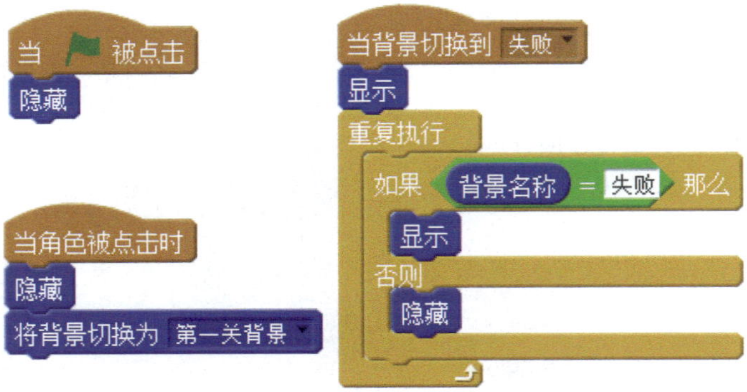

图 1–31　"返回"按钮脚本

**03** **"游戏说明"按钮脚本** 给"游戏说明"按钮添加如图 1–32 所示的脚本。

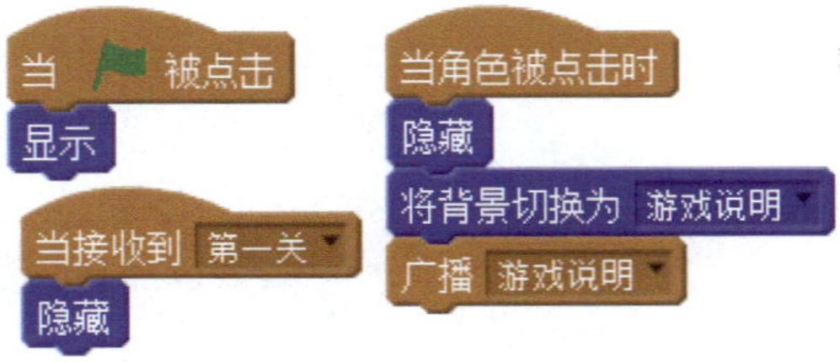

图 1–32　"游戏说明"按钮脚本

**04** **保存文件** 运行、测试程序，以"运苹果(终).sb2"为名保存文件。

第 1 章 动作游戏

### 1. 角色/背景工具对比

Scratch 角色区和背景区的操作工具有些相同，容易弄混，同样的工具所处的位置不一样，功能也不一样，其对比如图 1-33 所示。

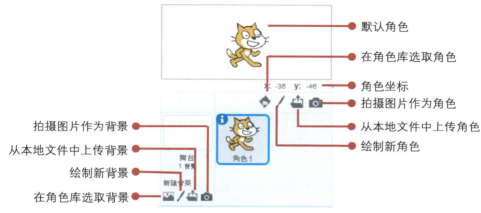

图 1-33 角色/背景工具

### 2. 绘制舞台背景

可以根据需要使用绘图工具，在空白背景上绘制一些图形，如按图 1-34 所示操作，可以绘制红色圆形、椭圆。

图 1-34 绘制舞台背景

**Scratch 游戏编程趣味课堂**

### 1. 改一改

本案例"做一做"中,没有介绍如何添加"咪尼1""咪尼2"和"咪尼3"的脚本,如图1-35所示,这3个角色只是在特定位置用于显示咪尼的3条命,当咪尼碰壁1次时,就失去1条命,场景中的咪尼就隐藏1个,你能根据这些功能,给它们添加上相应的脚本吗?

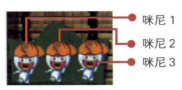

图1-35 "咪尼"角色

### 2. 试一试

请你根据抱苹果的咪尼脚本和功能,设计抱苹果的咪尼2在第二关游戏中的脚本。

# 第2章 体育游戏

体育游戏可以锻炼一个人眼、手、脑的反应和协调能力,同时体育游戏的竞技特性还能培养学生的竞争意识和合作精神。这种集休闲和训练为一身的体育类游戏深受学生,特别是男生的喜爱。

本章围绕体育游戏主题,设计了常见的"反弹球""赛车""障碍跑"3个体育游戏。3个游戏由单关到多关,难度层层递进,技术将用到循环结构、逻辑判断,以及游戏场景和关卡切换等。

学习内容

案例1　反弹球

案例2　赛车

案例3　障碍跑

**Scratch 游戏编程趣味课堂**

## 案例 1　反弹球

扫一扫，看视频

反弹球游戏类似弹珠游戏，游戏开始后，小球随机运动，碰到边缘就反弹，玩家控制鼠标横向移动挡板，阻止小球落到底部。若小球落到禁区（黑色区域）就要扣分，落到死亡区（红色区域）则游戏失败。游戏效果如图 2-1 所示。

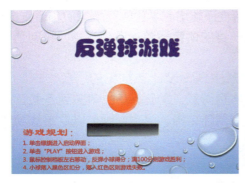

图 2-1　游戏"反弹球"效果图

## 玩一玩

与小伙伴一起玩一玩，并说一说自己的新发现

- ♡ 场景：_____
- ♡ 角色：_____
- ♡ 规则：_____

## 想一想

### 1. 情节规划

游戏"反弹球"的原理比较简单，游戏分析如图 2-2 所示。游戏分启动画面和游戏画面 2 个背景，以及 5 个角色：小球（主角色）、挡板、开始按钮、胜利标志和失败标志。游戏开始后，小球从中心向随机方向运动，碰到边缘或挡板就反弹并得分，碰

26

到黑色要扣分，碰到红色就失败。玩家没有时间限制，当累计得分达到 100 时，游戏胜利。

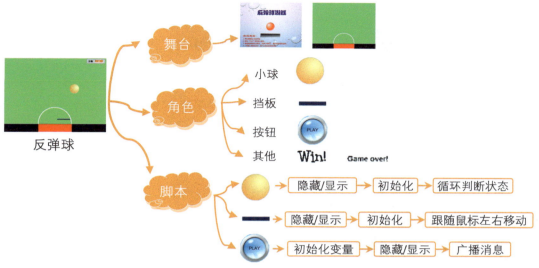

图 2-2 "反弹球"游戏分析图

### 2. 脚本规划

为了实现"反弹球"游戏的功能，要对背景、每个角色进行细致的规划分析，具体说明如表 2-1 所示。

表 2-1 背景、各角色规划

| 名 称 | 脚本规划 | Scratch 积木 |
| --- | --- | --- |
| 背景 | ★单击▶后，背景设置，隐藏变量 | 事件 当▶被单击<br>外观 背景切换<br>数据 隐藏变量 |
| 开始按钮 | ★单击▶后，显示<br>★被单击后，切换背景、隐藏、广播、初始化变量 | 事件 当▶被单击，广播<br>外观 背景切换；隐藏<br>数据 显示变量 |
| 小球 | ★单击▶后，隐藏<br>★接收到"开始游戏"消息，显示，初始化变量和位置，一直移动<br>★判断是否扣分及失败<br>★判断分数是否满足胜利 | 事件 当▶被单击，广播<br>运动 移动，反弹<br>控制 如果……那么……，循环执行 |
| 胜利和失败标志 | ★单击▶后，隐藏<br>★当接收到"胜利"消息，显示并停止全部脚本 | 事件 当▶被单击，广播<br>控制 停止 |

## 做一做

### 1. 准备背景与角色

对游戏进行分析和素材准备后，先制作背景和添加角色，对于系统中没有的角色，还要在 Scratch 中绘制。

**01 新建项目** 新建 Scratch 项目，删除默认的"小猫"角色，将文件保存为"反弹球.sb2"。

**02 添加背景造型** 删除默认背景造型，导入素材"封面背景.jpg""游戏界面.jpg"，添加 2 个造型，分别命名为"封面背景"和"游戏界面"。

**03 绘制"挡板"角色** 单击"绘制新角色"按钮，选择"矩形工具"，绘制深蓝色挡板。

**04 添加"游戏结束"角色** 继续单击"绘制新角色"按钮，选择"文本工具"，选择 Helvetica 字体，在绘图区输入"Game Over！"。

**05 添加"游戏胜利"角色** 参照上一步骤，选择合适的字体，在绘图区输入"Win!"。

**06 添加"小球"角色** 单击"从角色库中选取角色"按钮，在角色库中选择 Ball 角色。

**07 添加"开始按钮"角色** 单击"从本地文件中上传角色"按钮，导入素材"play.png"作为"开始按钮"角色。

**08 调整角色** 调整各角色在舞台中的位置与大小，并修改各自的角色名称，修改后的效果如图 2-3 所示。

图 2-3　角色命名后效果

### 2. 设置角色脚本

设置好背景和角色后，就可以根据各角色规划的功能，编写相对应的角色脚本。在本游戏中，游戏由"开始按钮"触发，而主角则是"小球"，所以编写脚本可以从这两个角色开始。

#### 设置"开始按钮"脚本

"开始按钮"角色主要是切换背景，广播消息并设置变量"分数"为 0。

**01 新建变量** 选择"数据"积木，新建一个适用于所有角色的变量，并命名为"分数"，调整其在舞台中的位置，再取消显示。

**02 添加脚本** "开始按钮"的脚本分别由单击 ▶ 按钮和角色被单击两个事件来触发，按图 2-4 所示添加两段脚本。

图 2-4 "开始按钮"脚本

### 设计"小球"脚本

"小球"是游戏主角,其脚本分别由绿旗被单击、接收到广播消息等事件来触发。

**01 角色算法分析** 角色"小球"脚本比较复杂,其中接收"开始游戏"广播的算法分析如图 2-5 所示。

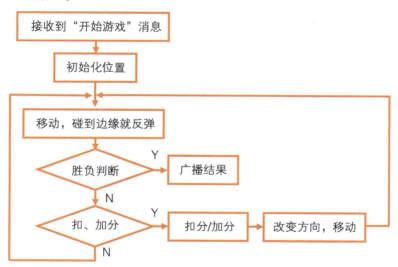

图 2-5 "小球"角色算法分析

**02 隐藏状态脚本** 接收到"胜利""结束"消息时,均不显示"小球"角色,当 ▶ 被单击后,隐藏"小球"角色,同时切换背景,隐藏变量在舞台中的显示,添加如图 2-6 所示的脚本。

图 2-6 隐藏状态脚本

03 **"开始游戏"初始化脚本** "小球"接收到"开始游戏"广播消息后,初始化位置和生命值,添加如图 2-7 所示的脚本。

图 2-7 "开始游戏"初始化脚本

04 **循环运动脚本** 添加循环积木,使小球不停运动,先添加"重复执行"积木,再添加"移动"积木,添加如图 2-8 所示的脚本。

图 2-8 循环运动脚本

05 **胜负判断脚本** 添加"如果……那么"积木至"重复执行"积木的最底端,脚本如图 2-9 所示。

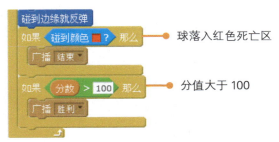

图 2-9 胜负判断脚本

06 **失分得分脚本** 继续添加 2 次"如果……那么"积木至"重复执行"积木的最底端,脚本如图 2-10 所示。

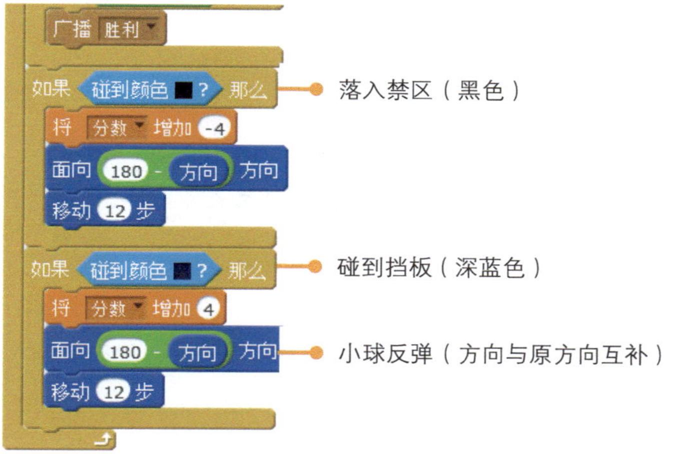

第 2 章 体育游戏

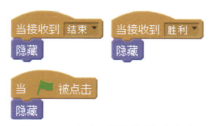

图 2-10 失分、得分脚本

### 设置其他角色脚本

"挡板""游戏结束"和"游戏失败"等角色通过脚本实现按需显示和隐藏。

01 **挡板隐藏脚本** 为让"挡板"角色在接到"结束""胜利"消息和 🚩 被单击时均隐藏，添加如图 2-11 所示的脚本。

图 2-11 角色"挡板"隐藏脚本

02 **挡板移动脚本** "挡板"角色在接收"开始游戏"消息后显示，并跟踪鼠标横向移动，添加如图 2-12 所示的脚本。

图 2-12 "挡板"移动脚本

03 **游戏结束脚本** 角色"游戏结束"当🏁被单击时隐藏,当接收到"结束"消息时显示并停止命令,添加如图2-13所示的脚本。

04 **游戏胜利脚本** 角色"游戏结束"当🏁被单击时隐藏,当接收到"胜利"消息时显示并停止命令,添加如图2-14所示的脚本。

图 2-13 游戏结束脚本　　　　　　图 2-14 游戏胜利脚本

05 **保存文件** 运行、测试程序,以"反弹球(终).sb2"为名保存文件。

# 读一读

## 1. 变量显示方式

变量用来在游戏运行中记录像"分数"这样随时变化、不确定的值。建立变量后,初始值为0,同时默认变量名及值会在舞台中显示,如果不想其在舞台中显示,取消勾选变量前的复选框即可。另外,局部变量在舞台显示时会同时显示它适用的角色名,如图2-15所示。

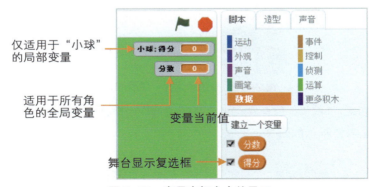

图 2-15 变量在舞台中的显示

## 2. 随机数

有些数值不让玩家提前知道,如本游戏中"小球"初始位置的运动方向,用产生"随机数"的方法给出。在Scratch中,使用"运算"积木下的选随机数积木 ,可以产生指定范围的随机数。

第 2 章 体育游戏

## 练一练

### 1. 改一改

在"反弹球"游戏中，决定难度的因素主要有小球的移动速度、落入禁区后的扣分和达标分数。请根据自己的体验，尝试修改  积木中的步长参数，制作适合自己玩的反弹球游戏。

### 2. 试一试

尝试修改游戏界面，用涂色工具将游戏背景中的禁区涂成红色，并修改小球的脚本，增加游戏难度，修改后的背景效果如图 2-16 所示。

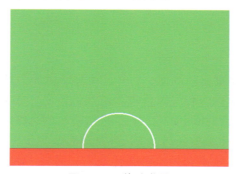

图 2-16 修改背景

## 案例 2 赛车

赛车游戏是最常见的体育游戏，有趣而又简易。玩家通过键盘来控制赛车的运动，游戏要求赛车不能离开跑道，玩家在规定的时间和生命值内达到终点则过关，否则失败。赛车游戏的效果如图 2-17 所示。

扫一扫，看视频

图 2-17 "赛车"游戏效果图

Scratch 游戏编程趣味课堂

## 玩一玩

与小伙伴一起玩一玩，并说一说自己的新发现

♡ 场景：＿＿＿＿＿＿＿＿＿＿＿＿＿＿＿＿＿＿＿＿＿＿

♡ 角色：＿＿＿＿＿＿＿＿＿＿＿＿＿＿＿＿＿＿＿＿＿＿

♡ 规则：＿＿＿＿＿＿＿＿＿＿＿＿＿＿＿＿＿＿＿＿＿＿

## 想一想

### 1. 情节规划

制作"赛车"游戏需要启动画面、3个游戏背景和5个角色，即赛车（主角色）、终点线、开始按钮、胜利标志和失败标志。游戏运行后，首先进入第一关，该关卡的赛道比较平直，玩家在规定时间（如60秒），控制赛车到达终点，当玩家在前进过程中，车灯碰到跑道边缘，赛车生命值将减少2，并自动回退2步。玩家按要求到达终点后，游戏将自动进入弯道更多的第二关，当顺利完成三关时，游戏胜利，否则失败。游戏分析如图2-18所示。

图2-18 "赛车"游戏分析图

### 2. 脚本规划

为了实现"赛车"游戏的功能，要对背景、每个角色进行细致的规划分析，主要角色说明如表2-2所示。

表 2-2　主要角色规划

| 名称 | 脚本规划 | Scratch 积木 |
|---|---|---|
| 背景 | ★单击▶后，背景设置为"赛车场背景"<br>★单击"开始按钮"后，背景切换为"路线 1" | 事件 当▶被单击<br>外观 背景切换 |
| 开始按钮 | ★单击▶后，显示<br>★被单击后，切换背景，隐藏，广播"开始"并开始计时 | 事件 当▶被单击，广播<br>外观 背景切换；隐藏 |
| 赛车 | ★单击▶后，隐藏<br>★当背景切换时显示<br>★当按下上移键、左移键或右移键时，分别移动 10 步、左转或右转 15°<br>★当接收到"开始"广播时，初始化位置，重复判断赛车是否碰到边缘或终点，以及计时器值是否超过时限，生命值是否不足 | 事件 当▶被单击，广播<br>运动 移动<br>控制 如果……那么……，循环执行 |

# 做一做

##  1. 准备背景与角色

对游戏进行分析和素材准备后，先制作背景和添加角色，对于没有准备的角色，还要在 Scratch 中绘制。

**01 新建项目**　新建 Scratch 项目，删除默认的"小猫"角色，将文件保存为"赛车.sb2"。

**02 添加背景造型**　删除默认的背景造型，导入图片"赛车场背景.jpg""路线 1.png""路线 2.png""路线 3.png"，作为 4 个背景造型，背景分别自动命名为"赛车场背景""路线 1""路线 2"和"路线 3"。

**03 添加角色"赛车"**　单击"绘制新角色"按钮 ✏，切换至矢量图编辑模式，先用椭圆工具绘制 4 个车轮，再用矩形、椭圆和铅笔等工具绘制车身，最后绘制橙色车灯，效果如图 2-19 所示。

**04 添加"终点线"角色**　继续用矩形工具绘制新角色"终点线"▬▬，并调整其在舞台中的大小和位置。

**05 添加其他角色**　导入外部文件，分别添加"开始按钮""胜利标志"和"失败标志"等角色，进行命名，并调整在舞台中的位置、大小，最终角色效果如图 2-20 所示。

图 2-19　绘制"赛车"角色

图 2-20　添加其他角色

## 2. 设置角色脚本

设置好背景和角色后,就可以根据各角色规划的功能,编写相对应的角色脚本。在本游戏中,游戏由"开始按钮"触发,而主角则是"赛车",所以编写脚本可以从这两个角色开始。

### 设计"赛车"脚本

"赛车"是游戏主角,其脚本分别由键盘按键、绿旗被单击、广播、背景切换等事件来触发。

**01 角色算法分析** 角色"赛车"脚本比较复杂,其中接收"开始"广播的算法分析如图 2-21 所示。

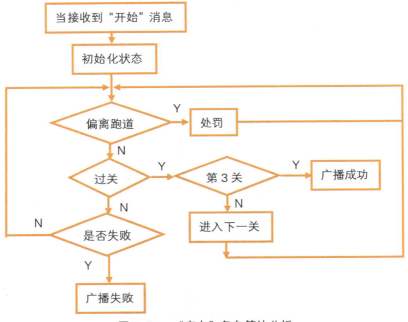

图 2-21 "赛车"角色算法分析

**02 设置变量** 选择"赛车"角色,在"数据"积木下建立一个变量,命名为"赛车生命值",并调整其在舞台中的位置。

**03 初始状态脚本** 游戏刚开始时,不显示角色"赛车",当背景切换至"路线1"时显示,按图 2-22 所示添加脚本。

**04 运动控制脚本** 按下↑、←、↓键时,角色"赛车"分别做出相应动作,按图 2-23 所示添加脚本。

图 2-22 初始状态脚本　　图 2-23 运动控制脚本

**05** **"开始"初始化脚本**　"赛车"接收到"开始"的广播消息后,先要初始化位置和生命值,按图 2-24 所示添加脚本。

图 2-24 "开始"初始化脚本

**06** **犯规脚本**　"赛车"要随时判断是否出界(黄色车灯碰到边缘),是否调头直接冲终点(黑色线),按图 2-25 所示完成犯规脚本。

图 2-25 犯规脚本

**07** **到达终点脚本**　"赛车"的车灯碰到终点线(红色部分)是进入下一关或胜利的必要条件,按图 2-26 所示先添加两次"如果……那么……否则"至"重复执行"积木的最底端,并完成相应脚本。

**08** **失败脚本**　"赛车"在运行中生命值少于 60,或当前关用时超过 60 秒,则游戏失败,按图 2-27 所示完成"否则"积木下的脚本。

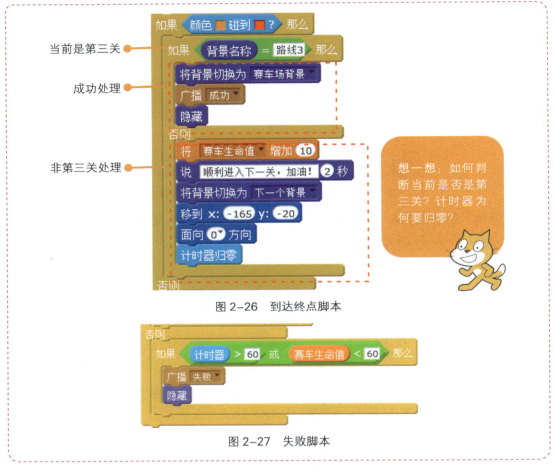

图 2-26 到达终点脚本

图 2-27 失败脚本

### 设置其他角色脚本

"开始按钮""终点""成功标志"和"失败标志"等角色通过脚本实现广播、按需显示和隐藏等功能。

01. **添加"开始按钮"脚本** "开始按钮"的脚本分别由单击 ▶ 和 "被点击"两个事件来触发,添加如图 2-28 所示的脚本。

02. **终点脚本** "终点"角色只是在进入第一关时显示,成功或失败后隐藏,添加如图 2-29 所示的脚本。

03. **成功标志脚本** 当收到"成功"的广播消息时,角色"成功标志"发出喝彩声并显示,进入启动画面时隐藏,添加如图 2-30 所示的脚本。

图 2-28 "开始按钮"脚本

图 2-29 角色"终点"脚本

图 2-30 成功标志脚本

**04 失败标志脚本** 当收到"失败"的广播消息时,角色"失败标志"发出声音并显示,进入启动画面时隐藏,添加如图 2-31 所示的脚本。

**05 保存文件** 运行、测试程序,以"赛车(终).sb2"为名保存文件。

图 2-31 失败标志脚本

## 读一读

### 1. 逻辑运算符

当判断某种运算结果是否达到要求时,就需要用到逻辑运算。在 Scratch 中,有 3 个逻辑运算符号,分别是"与""或"和"不成立",表达的意义如图 2-32 所示。

### 2. 计时器

"计时器"是"侦测"积木下的一个变量,它适用于所有角色,程序一打开,它就开始计时,并且不可暂停和中断,但可以利用"侦测"积木中的 计时器归零 来进行归零操作,归零后,计时器将从 0 开始重新计时,直到下次归零或退出 Scratch 语言环境。计时器默认不在舞台显示,选中计时器变量前的复选框可使在舞台显示,如图 2-33 所示。

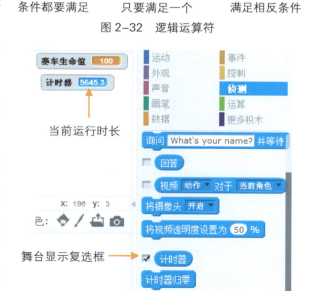

图 2-32 逻辑运算符

图 2-33 计时器在舞台的显示

## 练一练

### 1. 改一改

在"赛车"游戏中，可以通过修改犯规时的生命值损失量和过关时间，来增加或降低游戏难度。请根据自己的体验，尝试修改以下脚本中的相关参数，制作适合自己玩的赛车游戏，脚本如图2-34所示。

图2-34 增加游戏难度

### 2. 试一试

在游戏中，当赛车的黄色车灯碰到边缘即视为犯规。想一想，将条件改为"当赛车碰到边缘（白色）或碰到黑色（起点）"即视为犯规，游戏会怎样？请参照如图2-35所示的脚本，更改条件，试玩后完善。

图2-35 修改犯规条件

## 案例3 障碍跑

游戏"障碍跑"类似酷跑游戏，玩家通过键盘控制小猫绕开障

扫一扫，看视频

碍物从起点跑到终点。游戏一共5关，每关需要跑3次，障碍物随关卡次数，由静到动，由小到大，难度逐关增大。游戏效果如图2-36所示。

图2-36 游戏"障碍跑"效果图

与小伙伴一起玩一玩，并说一说自己的新发现

- 场景：_____
- 角色：_____
- 规则：_____

### 1. 情节规划

"障碍跑"游戏分启动界面和游戏界面2个背景和5类角色（选手、3个障碍物、开始按钮、终点、胜利标志和失败标志）。游戏开始后，玩家通过键盘控制选手绕开障碍物到达终点，当碰到障碍物或终点，选手会重新回到起点。选手若能在规定时间内3次到达终点，游戏将自动升级关卡，加大难度，游戏一共5关，也就是要跑15次，游戏才算胜利。游戏分析如图2-37所示。

### 2. 脚本规划

为了实现"障碍跑"游戏的功能，要对背景、主要角色的动画流程进行细致的规划分析，具体说明如表2-3所示。

图 2-37 "障碍跑"游戏分析图

表 2-3 背景、各角色规划

| 名称 | 脚本规划 | Scratch 积木 |
| --- | --- | --- |
| 背景 | ★单击▶接收胜利、失败消息时,背景设置为"开始界面" | **事件** 当▶被单击;接收消息,广播,当角色被单击<br>**外观** 切换背景 |
| 开始按钮 | ★单击▶后,显示<br>★被单击后,切换背景到"游戏界面",隐藏,广播"开始游戏" | **事件** 当▶被单击;接收消息,广播,当角色被单击<br>**外观** 切换背景,显示,隐藏 |
| 选手<br>(小猫) | ★单击▶后,显示,初始变量和位置<br>★接收到"开始游戏"后移至起点,计时器归零,侦测计时器、关卡数,以及是否碰到障碍物、边界和终点等<br>★按键处理 | **事件** 当角色被单击;接收到广播<br>**控制** 如果……那么……,循环执行<br>**外观** 切换造型<br>**侦测** 计时器,碰到…… |
| 终点 | ★当接收到"开始游戏"消息时显示<br>★接收到其他消息隐藏 | **事件** 当接收消息<br>**外观** 显示,隐藏 |
| 障碍物 | ★当背景切换到开始界面时隐藏<br>★当背景切换到"游戏界面"时,显示;初始化位置、造型,一直侦测关卡数,第2、3、4关做不同的处理 | **事件** 当角色被单击;接收到广播<br>**控制** 如果……那么……,循环执行<br>**外观** 移至……<br>**侦测** 计时器,碰到…… |

### 3. 素材规划

在"障碍跑"游戏中,为营造舞台效果,除选手角色用角色库的小猫代替外,其他角色需要使用外部文件。对于文字说明的角色,可以先用文字制作工具制作成图片再导入,也可以直接使用英文。

# 第 2 章 体育游戏

## 1. 准备背景与角色

对游戏进行分析和素材准备后,先制作背景和添加角色,对于多造型角色,还要分别制作其他造型。

01 **新建项目** 新建 Scratch 项目,将文件保存为"障碍跑.sb2"。

02 **导入背景造型** 删除默认背景造型,导入素材"背景.jpg",命名为"开始界面"。

03 **绘制背景造型** 单击"绘制新背景色"按钮,选择矩形工具,绘制蓝色边界,命名为"游戏界面",效果如图 2-38 所示。

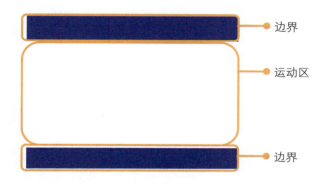

图 2-38 背景造型效果

04 **调整"选手"角色** 切换舞台背景至"游戏界面",选择默认角色"小猫",修改角色名为"选手",按图 2-39 所示操作,调整大小和位置。

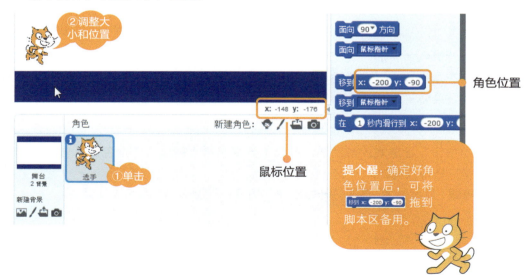

图 2-39 调整角色

05 **添加"终点"角色** 单击"从角色库中选取角色"按钮,在角色库中选择 green

flag 角色，用颜色填充工具将其填充为红色，并重命名为"终点"。

**06 导入"障碍物"角色** 单击"从本地文件中上传角色"按钮，导入图片"障碍1.png""障碍2.png""障碍3.png"，调整各自的位置，效果如图 2-40 所示。

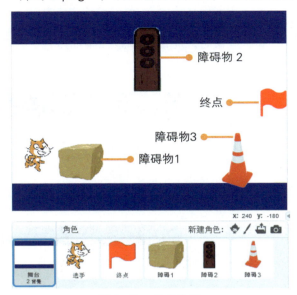

图 2-40　角色位置

**07 导入其他角色** 仿照上一次步骤，导入图片"成功.png""失败.png""下一关.png"，调整各自在舞台的大小和位置。

## 2. 设置角色脚本

设置好背景和角色后，就可以根据各角色规划的功能，设置变量，编写相对应的角色脚本。在本游戏中，游戏由"开始按钮"触发，主角是选手和各障碍物，其他角色主要根据场景需要适时显示或隐藏。

### 设计按钮脚本

"开始按钮"是游戏的触发器，其脚本分别由绿旗被单击、角色被单击时执行，主要作用是广播游戏开始。

**01 设置隐藏/显示脚本** 选择"开始按钮"角色，按图 2-41 所示添加脚本。

图 2-41　设置隐藏/显示脚本

02 **添加广播消息** 按图 2-42 所示操作，新建广播消息到"隐藏"积木的下方。

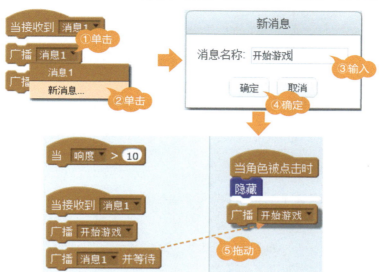

图 2-42　添加广播消息

03 **完成按钮脚本** 选择将切换背景积木拖到广播消息的下方，完成"开始按钮"角色的脚本，完整的脚本如图 2-43 所示。

图 2-43　按钮角色的完整脚本

### 设计选手脚本

选手角色是游戏中的主角，主要由按键脚本、初始化位置和变量脚本，以及游戏中的判断脚本等组成。

01 **角色算法分析** 角色"选手"脚本比较复杂，其中接收"开始游戏"广播的算法分析如图 2-44 所示。

02 **设置变量** 选择"数据"积木，建立 2 个变量，命名为"成功次数"和"关卡"，调整其在舞台中的位置，再取消显示。

03 **绿旗被单击脚本** 当 ▶ 被单击时，进入开始界面，指定位置，并初始化变量，添加如图 2-45 所示的脚本。

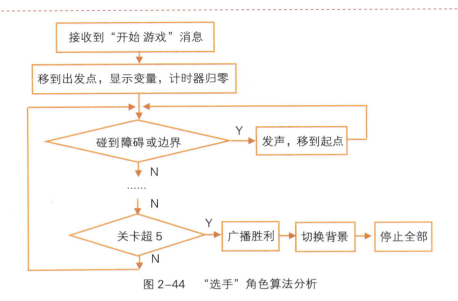

图 2-44 "选手"角色算法分析

图 2-45 绿旗被单击脚本

> **提个醒**
>
> 绿旗被单击的脚本主要是切换背景，为正式游戏做准备，隐藏变量的显示是为启动界面的整洁，但是注意正式游戏时重新显示。

**04 运动脚本** "选手"角色的跑动是由键盘的 4 个方向键控制的，按图 2-46 所示添加脚本，实现角色的运动。

图 2-46 运动脚本

05 **"开始游戏"初始化脚本** 拖动"事件"积木下的"当接收到新消息"积木到脚本区,新建消息为"开始游戏",添加如图 2-47 所示的脚本。

06 **搭建逻辑框架** 利用"重复执行"积木到脚本区,搭建逻辑框架,添加如图 2-48 所示的脚本。

图 2-47 "开始游戏"初始化脚本

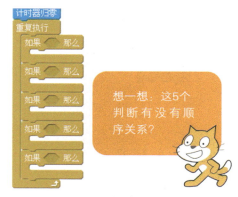

图 2-48 搭建逻辑框架

07 **犯规逻辑判断脚本** 选手碰到障碍物或边界,均回到起点,按图 2-49 所示操作,完成相应脚本。

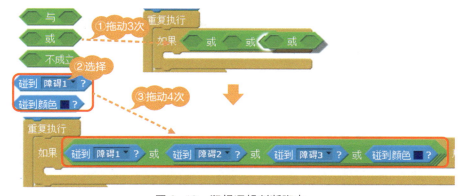

图 2-49 犯规逻辑判断脚本

**08 犯规处理脚本** 侦测到犯规后，选手发出 ya 的声音，并回到起点，添加如图 2-50 所示的脚本。

图 2-50 犯规处理脚本

**09 完成其他判断脚本** 仿照上一操作步骤，完成其他 4 个判断脚本，脚本如图 2-51 所示。

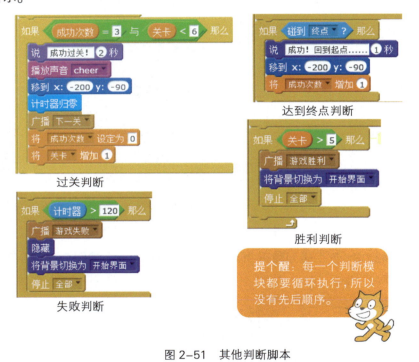

图 2-51 其他判断脚本

---

**设计障碍物脚本**

游戏中有 3 个障碍物角色，当游戏进行到一定关卡时，障碍物会做出移动、大小变化等动作，加大趣味和难度。

**01** **"障碍物1"初始化脚本** 障碍角色在背景切换成"开始界面"和接到"开始游戏"消息时隐藏和显示,并对大小、位置进行初始化,脚本如图2-52所示。

**02** **"障碍物1"循环判断框架** "障碍物1"角色完成初始化后,要一直侦测关卡情况,最大关卡数为5,需要判断4次,添加如图2-53所示的脚本,完成框架搭建。

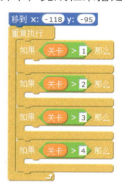

图2-52 "障碍物1"初始化脚本　　　图2-53 "障碍物1"循环判断框架

**03** **完成"障碍物1"脚本** 根据不同的关卡,设计不同的角色动作,添加如图2-54所示的脚本。

**04** **复制障碍物脚本** 其他2个障碍物脚本与第1个相似,可以复制后,再修改,按图2-55所示复制"障碍物1"的脚本至"障碍物2"。

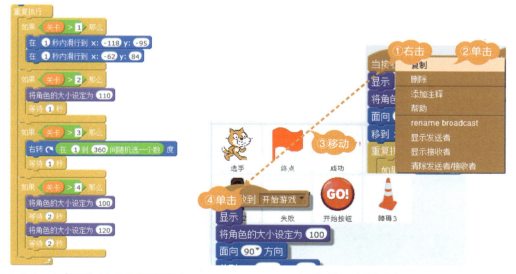

图2-54 "障碍物1"循环判断脚本　　　图2-55 复制脚本

**05** **完成"障碍2"角色脚本** 选择"障碍物2",根据设计,按图2-56所示修改脚本。

**Scratch 游戏编程趣味课堂**

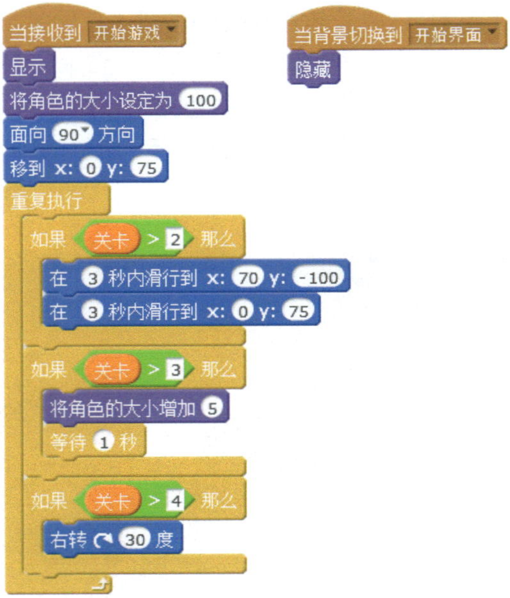

图 2-56 "障碍 2" 角色完整脚本

**06 保存文件** 运行、测试程序，以"障碍跑（终）.sb2"为名保存文件。

### 1. 复制脚本

当角色较多又有不少相似时，可以通过复制的方法进行快速设置。在 Scratch 中，复制脚本可以在角色间进行，也可以对角色自身复制。复制时，先右击要复制的源积木开始位置，在快捷菜单中选择"复制"命令，再移动鼠标（被复制的积木会跟随鼠标一起移动）至目标处单击即可，如图 2-57 所示。

图 2-57 复制脚本

## 2. 设定角色大小

角色在舞台的大小可以用扩大工具 和缩小工具 来手动调整。但有时需要在脚本执行中适时修改角色大小(如"障碍跑"游戏中的障碍物的大小随关卡而改变),此时,就要用到"外观"积木下的 将角色的大小设定为 100 积木。积木中的数字表示比例,100 表示原始大小,可以指定数字,也可以使用变量来修改角色大小。

# 练一练

## 1. 改一改

在"障碍跑"游戏中,决定难度的因素主要有选手的运动速度,速度适中才易过关;还有障碍物的大小和移动速度也是决定难度的重要因素。请根据自己的体验,尝试修改相关参数,制作适合自己玩的"障碍跑"游戏。

## 2. 试一试

请利用"复制"的方法完成"障碍物3"的脚本设计,参考脚本如图 2-58 所示。

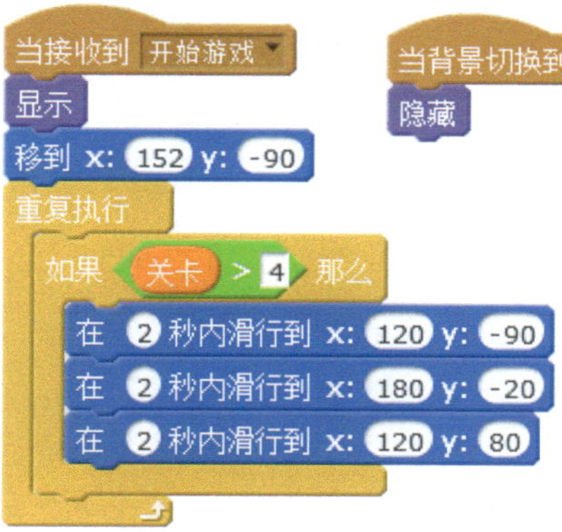

图 2-58 复制角色脚本

# 第 3 章　装扮游戏

　　装扮类游戏很受小朋友特别是女生的喜欢，玩家可以按自己的喜好自由地装扮房间、物品、人物角色等，在玩的过程中轻松实现想法，收获乐趣。

　　本章围绕装扮游戏主题，设计了常见的"换装""布置房间""设计物品"三类装扮游戏。3 个游戏的难度层层递进，将"变量、条件表达式"等算法，以及游戏场景切换、角色特效等制作技巧融入其中。

学习内容

 案例 1　小青蛙换装

 案例 2　布置熊猫屋

 案例 3　冰淇淋 DIY

第 3 章 装扮游戏

## 案例 1　小青蛙换装

"小青蛙换装"游戏是一个简单的填色游戏。玩家通过单击左侧调色板中的"色块"选择颜色,然后再单击卡通青蛙图的各个部位,便会填充上喜爱的颜色,让小青蛙变得更加漂亮。游戏界面如图 3-1 所示。

扫一扫,看视频

图 3-1　游戏"小青蛙换装"效果图

## 玩一玩

与小伙伴一起玩一玩,并说一说自己的新发现

♡ 场景：_____

♡ 角色：_____

♡ 规则：_____

## 想一想

### 1. 情节规划

"小青蛙换装"的游戏界面包括游戏背景图、调色板和涂色区（即小青蛙线条图）3 个部分。游戏的场景和角色如图 3-2 所示。游戏设计的基本思路是通过变量来控制选择角色（小青蛙身体各部分图块）的造型,从而改变相应的颜色。

53

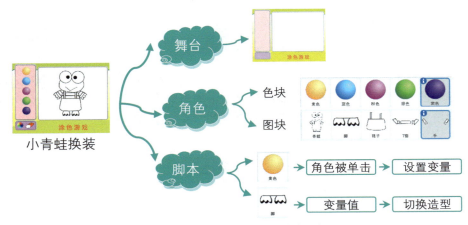

图 3-2 "小青蛙换装"游戏分析

### 2. 脚本规划

为了实现"小青蛙换装"游戏的功能,需要对场景、每个角色进行细致的规划分析,主要的脚本分析说明如表 3-1 所示。

表 3-1 脚本规划

| 舞 台 | 角 色 | 动画情景 | Scratch 积木 |
|---|---|---|---|
| 游戏背景 | 5 个色块 | ★程序开始时,"黄色""蓝色"等 5 个角色通过坐标定位均匀分布在界面左侧<br>★新建变量"颜色编号",程序开始时,"颜色编号"变量初值为 0<br>★其他色块,变量值依次赋值为 1、2、3、4、5 | 事件 当▶被单击;当角色被单击<br>数据 新建变量;设定变量值为<br>运动 移动 x,y 坐标 |
| | 若干图块<br>每个角色有 6 个造型,颜色分别为白、黄、蓝、绿、粉和紫 | ★单击某个"图块"角色,判断"颜色编号"值为多少,将角色切换造型与颜色编号对应<br>0——白色 1——黄色<br>2——蓝色 3——绿色<br>4——粉色 5——紫色 | 事件 当角色被单击;接收到广播<br>控制 如果……那么……<br>外观 切换造型<br>运算 等于 |

 做一做

### 1. 准备场景和角色

制作游戏,首先要准备好背景和相应的角色。该游戏中的角色,包括 5 个颜色色块,以及组成青蛙身体需要填充颜色的图块,如"脚""裙子""T 恤"等。

01 **新建项目** 新建项目,添加背景图,将文件保存为"小青蛙换装.sb2"。

02 **添加"黄色"色块** 从角色库中选取角色"Ball",保留"黄色"小球造型,删除其他4个造型,修改角色名为"黄色"。

03 **添加其他"色块"** 按照同样的方法,设置其他4个"色块"角色,分别命名为"蓝色""粉红""绿色""紫色",效果如图3-3所示。

04 **添加"小青蛙"角色** 导入外部图片"小青蛙.png",调整图片的位置和大小,舞台效果如图3-4所示。

图3-3 创建"色块"角色

图3-4 添加"小青蛙"角色

05 **制作"脚"角色** 复制"小青蛙"角色,打开"造型"编辑器,按图3-5所示操作,擦除多余的线条,制作"脚"角色。

图3-5 制作"脚"角色

06 **编辑"脚"角色** 按图3-6所示操作,编辑"脚"角色的第1个造型,修改造型名为"白色",并按同样的方法,完成其他造型的编辑。

图 3-6 编辑"脚"角色的造型

**07 制作其他角色** 按同样的方法,制作其他角色,并调整到相应位置,效果如图 3-7 所示。

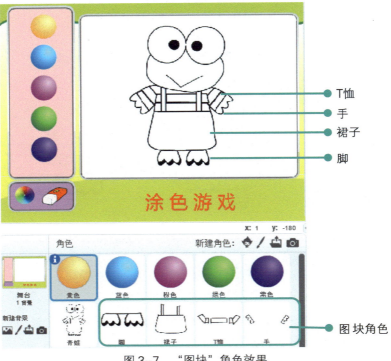

图 3-7 "图块"角色效果

**提个醒**

图块与图块之间不要有交叉，相对独立。如果有交叉，当角色被单击时，可能会有两个或多个角色同时响应，执行相应指令，出现错误。

## 2. 编写脚本

本游戏中的角色分为两类，一类是"色块"角色，另一类是"图块"角色。根据规划的脚本，分别设置两类角色的脚本。

### 设置色块脚本

设置调色板每种颜色色块的脚本指令，实现两个功能效果，一是调整色块在场景的位置，二是确定颜色的变量值。

**01 设置色块位置** 为5个"色块"角色设置脚本，确定色块的位置，脚本如图3-8所示。

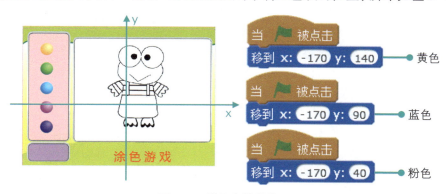

图 3-8 设置色块的位置

**试一试**

运用坐标定位，能够更精准设置角色的位置，让多个角色排列整齐。观察3个色块的x,y坐标值有什么规律？想一想，其他两个角色的x,y坐标应该是什么？

**02 新建"颜色"变量** 选择"黄色"球，新建变量"颜色编号"，设置初值为0。

**03 设置颜色编号** 分别为每个"色块"添加脚本，用"颜色编号"变量标记不同的颜色，脚本如图3-9所示。

图 3-9 设置颜色编号

### 设置图块脚本

图块的脚本要解决两方面的问题，一是设置涂色初始状态，二是确定对哪个图块进行涂色。

**01** **设置"图块"初始状态** 游戏开始，将角色造型切换为"白色"，脚本如图 3-10 所示。

**02** **"图块"脚本分析** 当单击角色(相应图块)时，判断"颜色编号"变量值，角色依据变量值切换到相应的造型，脚本分析图如图 3-11 所示。

图 3-10 "图块"初始设置脚本

**03** **切换造型** 为每个"图块"添加脚本，实现切换造型脚本，脚本如图 3-12 所示。

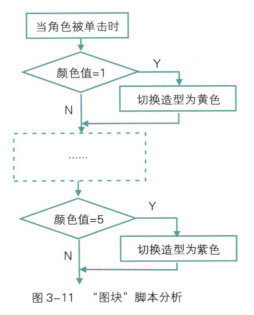

图 3-11 "图块"脚本分析

图 3-12 切换造型

**04** **保存文件** 运行、测试程序，以"小青蛙换装(终).sb2"为名保存文件。

## 读一读

### 1. 游戏中变量的运用

变量在游戏设计中是非常重要的，它可以帮我们记忆（存储）不同类型的数据，从而实现"标记角色""记录分数"等各种功能。

例如，在本案例中鼠标单击图块，才能将该图块切换造型，而切换的造型又要与色块有关。怎样让"图块""色块"两组角色相关联？这里就需要使用变量来判断选择"色块"的情况。因此在游戏中建立了名为"颜色编号"的变量，用它来标记选择色块的情况。

### 2. 比较操作符

比较操作符，如图 3-13 所示。可以比较 2 个变量或表达式的大小关系，即大于、小于或等于。其求值的结果是非真即假的布尔值，构成了"如果……那么……"等指令的决定条件。

图 3-13　比较操作符

## 练一练

### 1. 改一改

想一想，本案例的游戏中，如果想撤销涂错的颜色，怎样实现？（提示：增加"橡皮"角色）请试着编写脚本实现效果，参考脚本如图 3-14 所示。

"橡皮"脚本　　　　　　　"图块"脚本

图 3-14　实现"橡皮"功能的脚本

### 2. 试一试

将随机数赋值给变量，游戏会变得更有趣。请尝试运用随机数，为小青蛙身体的各个部分随机填充各种颜色。"图块"的参考脚本如图 3-15 所示。

| "随机填色"广播 | 随机设置"颜色编号值" |

图 3–15　随机填充功能

## 案例 2　布置熊猫屋

扫一扫，看视频

"布置熊猫屋"游戏是一款关于房间设计的小游戏，游戏界面如图 3–16 所示。玩家用键盘上不同的按键布置房间的家具，用光标控制键移动其位置，用 S/D 字母键调整大小。

图 3–16　游戏"布置熊猫屋"效果图

 玩一玩

与小伙伴一起玩一玩，并说一说自己的新发现

♡ 场景：_____

♡ 角色：_____

♡ 规则：_____

第 3 章 装扮游戏

想一想

## 1. 情节规划

游戏分为 4 个场景，分别为游戏封面图和 3 张房间图。通过"开始按钮""询问"等实现场景的切换。设计的关键点：一是运用变量"家具编号"来标记选择家具，二是键盘控制角色动作。游戏分析图如图 3-17 所示。

图 3-17　游戏"布置熊猫屋"分析图

## 2. 脚本规划

游戏的关键点是调整房间中家具的位置和大小，均设置为按键控制，需要鼠标单击确定选择的对象。主要的脚本规划如表 3-2 所示。

表 3-2　规划脚本

| 舞台 | 角色 | 动画情景 | Scratch 指令 |
| --- | --- | --- | --- |
| 场景一<br>游戏背景 | 开始按钮 | ★程序开始时，单击"星星"开始按钮，广播"游戏开始"<br>★接收到游戏开始消息，询问选择房间号<br>★回答房间号，切换到相应的房间 | 事件 当▶被单击；当角色被单击；广播<br>数据 新建变量；设定变量值为<br>外观 切换背景 |
| 场景二<br>3 张房间图 | 若干家具 | ★单击绿旗，家具隐藏<br>★接收到游戏开始时，家具显示<br>★单击某个"家具"角色，标记相应变量值，将家具分别标记为 1~9<br>★判断变量值，条件为真，可以通过光标控制键移动位置，通过 S/D 键调整大小 | 事件 当单击▶时；当角色被单击；接收到广播<br>控制 如果……那么……<br>切换造型<br>运算 等于<br>外观 设定角色大小；将角色大小增加；显现；隐藏 |

## 做一做

### 1. 添加背景与角色

游戏案例包括 4 个背景图、开始按钮以及若干个家具卡通图片。制作游戏时，需要先导入外部素材，并调整好其在舞台中的位置。

**01 新建项目** 新建 Scratch 项目，将文件保存为"布置熊猫屋.sb2"。

**02 添加背景** 依次导入背景素材"游戏封面""房间1""房间2""房间3"背景图片，效果如图 3-18 所示。

**03 添加"开始"按钮** 从角色库中导入"星星"图，作为开始按钮，效果如图 3-19 所示。

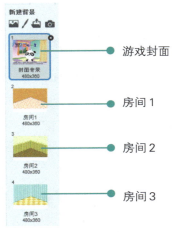

图 3-18　游戏 4 个背景

图 3-19　添加开始按钮

**04 添加"家具"角色** 依次通过"导入外部素材"方式导入"台灯""床"等角色，并通过指令，将其排列在舞台下方，舞台效果及脚本如图 3-20 所示。

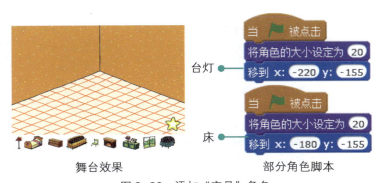

图 3-20　添加"家具"角色

## 2. 设置脚本

本游戏案例的关键点在于如何切换背景以及选择家具，通过键盘调整家具的位置和大小。

### 设置背景切换

案例中，背景切换有两种方式。一种是封面切换到房间图，由"开始按钮"控制；另一种是通过"询问""回答"，切换到相应的房间。

**01 设置开始按钮** 为"开始按钮"角色添加脚本，设置按钮隐藏和显示的状态，如图 3-21 所示。

图 3-21 设置开始按钮

**02 设置消息广播** 按图 3-22 所示操作，为"开始按钮"角色新建消息"游戏开始"，协调多个角色和背景动作。

图 3-22 设置消息广播

**03 设置封面背景** 选择背景，设置游戏的背景初始状态为"封面背景"，脚本如图 3-23 所示。

图 3-23 设置封面背景

**04 设置交互切换** 通过"询问""回答"指令,设置房间交互切换效果,脚本如图 3-24 所示。

图 3-24 交互切换背景

选择"询问……并等待"指令后,调用它的脚本会等待用户输入,直到用户按下回车键或单击右侧的对勾图标。输入后,Scratch 把输入内容存储到"回答"指令中。

### 设置家具脚本

"家具"角色的脚本要实现 3 种效果,一是控制"家具"角色的隐显状态;二是移动"家具"位置;三是调整"家具"大小。

**01 设置家具隐显状态** 仿照如图 3-25 所示的脚本,设置"台灯"等角色的隐显状态。

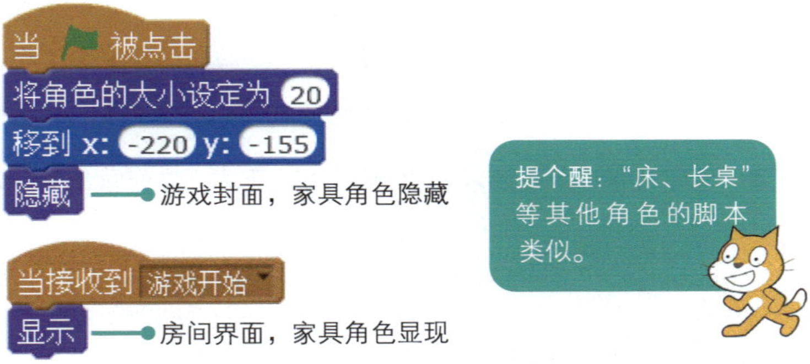

提个醒:"床、长桌"等其他角色的脚本类似。

图 3-25 设置"台灯"角色隐显状态

**02 变量分析** 玩家游戏时,需要单击角色确定要移动的家具。这里同样可以运用变量来标记家具,变量值与家具的对应关系如图 3-26 所示。

| 角色 | 新建变量 | 变量值 |
|---|---|---|
| 台灯 |  | 1 |
| 小床 |  | 2 |
| 柜子 |  | 3 |
| 沙发 | 变量名称：家具编号 | 4 |
| 椅子 |  | 5 |
| 壁炉 |  | 6 |
| 长桌 |  | 7 |
| 窗子 |  | 8 |
| 圆桌 |  | 9 |

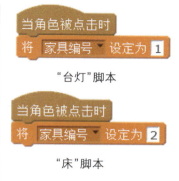

图 3-26　变量分析

**03 调整位置脚本**　为每个"家具"角色添加脚本，实现运用键盘调整角色位置的效果，"家具"脚本如图 3-27 所示。

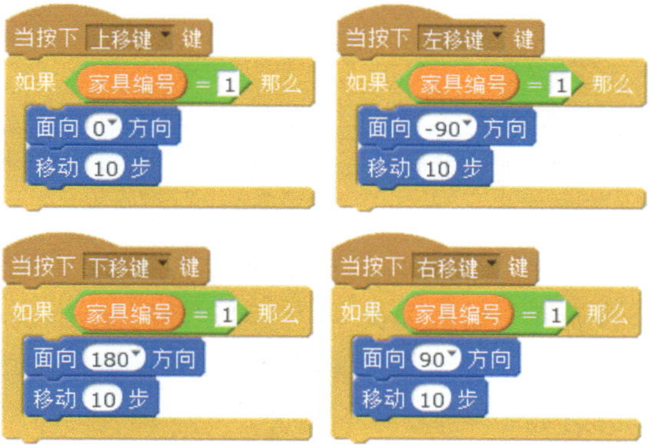

图 3-27　控制"家具"位置的脚本

### 提个醒

通过键盘控制角色移动时，需要先设置"角色"的旋转模式，修改其为"不允许翻转和旋转"模式，防止其在移动时，图的方向发生变化。

**04 调整角色大小**　为每个"家具"添加脚本，实现按键调整角色大小的效果，其脚本如图 3-28 所示。

**05 保存文件**　运行、测试程序，以"布置熊猫屋（终）.sb2"为名保存文件。

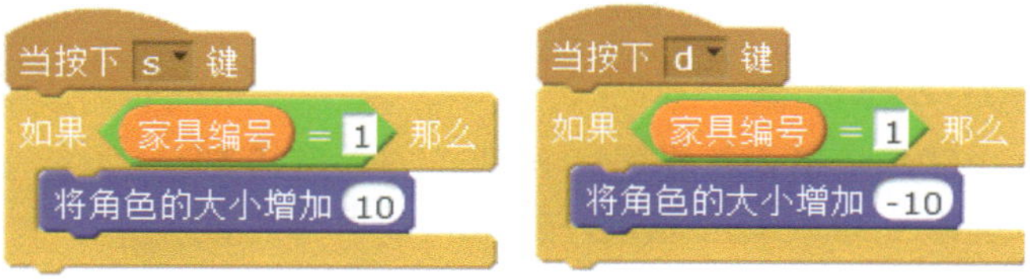

图 3-28　控制"家具"大小的脚本

## 读一读

### 1. 消息的广播和接收

任何角色都可以广播带有名称的消息,如本游戏案例中,消息的名称为"开始游戏"。使用事件模块中的"广播"或"广播并等待"积木便可以命令角色广播消息。本游戏案例中"开始按钮"广播,协调各种家具角色响应互动,如图 3-29 所示。

图 3-29　广播指令

### 2. 设置角色的初始位置

制作游戏时,特别是多角色游戏设计,一般要考虑游戏中每个角色的初始化状态,包括角色在舞台的位置、大小等。初始化时,确定角色在舞台的初始位置,不能简单运用"拖动角色"的方法,而是要巧用坐标定位相关积木。坐标定位的方法不仅可以让角色在舞台中排列整齐有序,使界面美观,还可以随时初始化角色,便于脚本测试。

例如,在本游戏案例中,就结合多个家具位置的 x,y 坐标值之间的规律,巧用"移到 x,y"积木,让其均匀排列。

## 练一练

### 1. 改一改

想一想,如何在布置房间的过程中,将家具恢复原来的位置和大小。提示:可以通过其他的按键响应,恢复角色的初始状态,参考脚本如图 3-30 所示。

### 2. 试一试

打开"小青蛙换装"游戏,为游戏添加与玩家互动交流的效果,效果和参考脚本如图 3-31 所示。

图 3-30　恢复状态脚本

图 3-31 完善"小青蛙游戏"

## 案例 3 冰淇淋 DIY

"冰淇淋 DIY"游戏是一款关于物品设计的游戏,游戏界面如图 3-32 所示。玩家用鼠标单击,发挥自己的想象选择"口味""甜品形状""装饰调料",还可以为冰淇淋添加可爱的"嘴巴""眼睛",打造出属于自己的冰淇淋。

图 3-32 游戏"冰淇淋 DIY"效果图

## 玩一玩

与小伙伴一起玩一玩,并说一说自己的新发现

♡ 场景:＿＿＿＿＿＿＿＿＿＿＿＿＿＿＿＿＿＿＿＿＿＿＿

♡ 角色:＿＿＿＿＿＿＿＿＿＿＿＿＿＿＿＿＿＿＿＿＿＿＿

♡ 规则:＿＿＿＿＿＿＿＿＿＿＿＿＿＿＿＿＿＿＿＿＿＿＿

## 想一想

### 1. 情节规划

游戏封面背景出现 5 秒后自动切换背景，进入设计环节。游戏分为两个关卡。先通过单击"口味""形状""装饰调料"按钮，相应切换造型，生成不同造型的冰淇淋。再单击"下一步"按钮打开第二个关卡。在第二关可为"冰淇淋"装扮上嘴巴和眼睛，让其更可爱。最后单击"完成"按钮，可以看到"成功文字"提示信息。游戏分析图如图 3-33 所示。

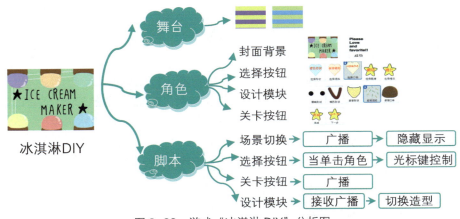

图 3-33 游戏"冰淇淋 DIY"分析图

### 2. 脚本规划

游戏设计两个关卡，关卡场景通过"下一步"角色广播消息，指挥相应的角色隐藏、场景切换。冰淇淋设计从"口味""形状""调料"等方面进行设计。通过单击选择按钮，切换造型。具体的脚本设计如表 3-3 所示。

表 3-3 规划脚本

| 舞 台 | 角 色 | 动画情景 | Scratch 积木 |
| --- | --- | --- | --- |
| 场景一 | 游戏封面 | ★程序开始时，显示，等待 5 秒后，角色隐藏 | 事件 当▶被单击<br>控制 等待<br>外观 隐藏；显示 |
| | 选择按钮 | ★程序开始时，显示<br>★当单击角色时，相对广播"选择口味""选择形状""选择调料"<br>★当鼠标移到角色，按钮放大突显 | 事件 当角色被单击；广播；接收<br>控制 如果……那么……<br>外观 隐藏；显示；改变角色的大小 |

（续表）

| 舞台 | 角色 | 动画情景 | Scratch 积木 |
|---|---|---|---|
| 场景一 | "下一步"按钮 | ★单击角色时，广播 | 事件 角色被单击；广播<br>外观 隐藏；显示 |
| | 设计模块 | ★当接收到广播，相应的模块切换造型 | 事件 当接收到广播<br>外观 切换造型 |
| 场景二 | 选择按钮 | ★程序开始时，显示<br>★当单击角色时，相对广播"选择眼睛""嘴巴"<br>★当鼠标移到角色，按钮放大突显 | 事件 广播；接收广播<br>控制 如果……那么……<br>外观 改变角色的大小 |
| | 完成按钮 | ★当接收到"下一步"时，显示<br>★当单击角色时，广播 | 事件 广播<br>外观 显示，隐藏 |
| | 成功文字 | ★当接收到"完成"消息，显示 | 事件 当接收到广播<br>外观 显示，隐藏 |
| | 设计模块 | ★当接收到广播，相应的模块切换造型 | 事件 当接收到广播<br>外观 切换造型 |

#  做一做

## 1. 设置游戏背景

案例游戏包括封面图和两个 DIY 空间背景。除采用"切换背景"的方法外，还可以将游戏封面图设置为角色，并将其置于顶层来实现。

**01 新建项目**　新建 Scratch 项目，将文件保存为"冰淇淋 DIY.sb2"。

**02 添加背景**　添加两个关卡背景，分别给两个背景造型命名为"蓝绿"和"黄紫"，造型和脚本如图 3-34 所示。

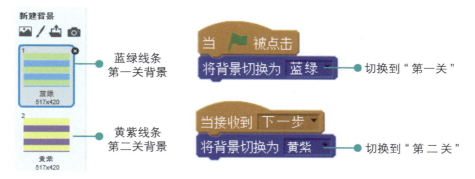

图 3-34　添加舞台背景

**03 制作游戏封面** 导入外部图片，添加角色"游戏封面"，设置角色的位置及隐显状态，完成游戏封面制作，脚本如图 3-35 所示。

### 2. 制作选择按钮

本案例游戏中，通过单击不同按钮，广播发送消息指令，指挥所有的角色和背景进行协调动作，实现交互效果。

**01 添加"心"形** 从角色库中选取角色"Heart Candy"，并删除"Heart Candy"角色中多余的造型和文字，效果如图 3-36 所示。

图 3-35 制作游戏封面　　　　　图 3-36 添加"心"形角色

**02 编辑"选择口味"按钮** 按图 3-37 所示操作，编辑角色的造型，然后给角色改名为"选择口味"。

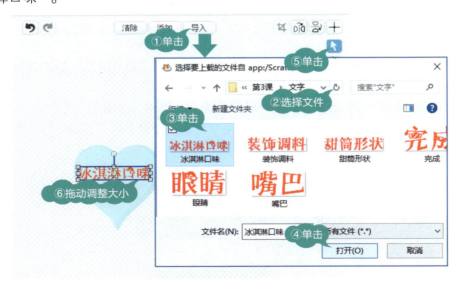

图 3-37 编辑按钮造型

**03 分析按钮** 游戏中"选择口味"按钮要能实现"广播消息""鼠标经过放大突显"等功能，具体分析如图 3-38 所示。

第 3 章 装扮游戏

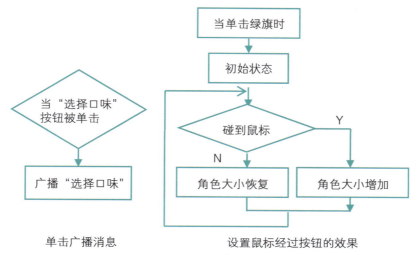

图 3-38 "选择口味"按钮分析图

**04 编写按钮脚本** 根据分析，为"选择口味"按钮编写脚本，实现相应功能，参考脚本如图 3-39 所示。

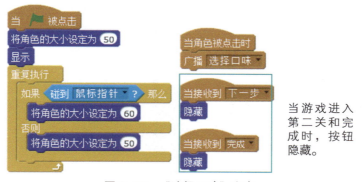

当游戏进入第二关和完成时，按钮隐藏。

图 3-39 "选择口味"脚本

### 试一试

用同样方法制作"选择形状""选择调料"2 个按钮。2 个按钮与"选择口味"按钮基本相似，不同的是发送的消息分别为"选择形状""选择调料"。

**05 完成其他按钮** 按类似方法，设置"下一步""完成""选择眼睛""选择嘴巴"4 个按钮，"选择眼睛"按钮脚本参考如图 3-40 所示。

71

图 3-40 "选择眼睛"按钮脚本

### 3. 制作设计模块

本案例游戏中，冰淇淋要设计的模块包括甜筒的形状、口味和调料，三个设计模块的功能相似。

**01 绘制角色** 绘制角色，每个角色的造型如图 3-41 所示。

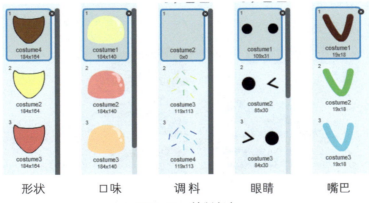

形状　　口味　　调料　　眼睛　　嘴巴

图 3-41 绘制角色

**02 编写脚本** 编写脚本，设置"设计模块"造型切换，参考脚本如图 3-42 所示。

**03 保存文件** 运行、测试程序，以"冰淇淋 DIY( 终 ).sb2"为名保存文件。

第一关选择口味　　　第二关选择眼睛

图 3-42 "设计模块"脚本

## 1. 角色的大小和可视状态

游戏设计时，往往需要设计一些特殊的效果，让游戏更有趣。例如进入游戏时，可以隐藏游戏说明文字，让界面更简洁、美观；当鼠标指针移到"按钮"角色上时，按钮会动态缩放，让按钮更活泼等，这些特殊效果运用外观类积木就可以实现。在本案例中，"选择口味"等按钮就具有这样的特效，其脚本如图 3-43 所示。

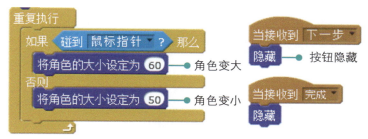

图 3-43　角色外观类积木运用

## 2. 角色间的图层

外观模块中最后两个积木 移至最上层 和 下移❶层 会影响角色在舞台上的遮盖顺序，它决定了角色在重叠区域优先显示哪个角色。

假设这样一个场景，一座城堡前站着一只小猫。这时如果没有图层，就会有两种可能，如图 3-44 所示。运用"移至最上层"和"下移……层"积木就可以调整角色的叠放顺序。

移至最上层 可以将当前角色的图层放到最上面，下移❶层 可以将角色下移到指定的层数。

　小猫在前　　小猫在后

图 3-44　图层效果

## 1. 改一改

打开"冰淇淋 DIY"游戏，为游戏增加"随机生成"按钮。单击按钮时，可以直接生成可爱的冰淇淋。参考脚本如图 3-45 所示。

选择按钮　　　　　　　　　设计模块

图 3-45　设置"随机生成"效果

### 2. 试一试

打开"冰淇淋 DIY"游戏，为游戏增加"成功"文字滚动效果，参考脚本如图 3-46 所示。

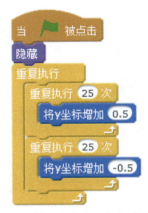

图 3-46　设置"文字"角色滚动效果

# 第4章　智力游戏

智力游戏通常以游戏的形式锻炼游戏者的脑、眼、手等，使人们获得身心健康，增强自身的逻辑分析能力和思维敏捷性，深受小朋友们的喜欢。智力类游戏包括脑筋急转弯、推理题、破案题等众多与智力有关的游戏。

本章围绕智力游戏主题，设计了常见的"走迷宫""背单词""快乐七巧板"3个游戏。3个游戏的难度层层递进，将键盘控制、定义积木、区域检测的应用，以及游戏场景切换、角色造型切换等制作技巧融入其中。

学习内容

 案例1　走迷宫

 案例2　背单词

 案例3　快乐七巧板

**Scratch 游戏编程趣味课堂**

## 案例 1　走迷宫

"走迷宫"游戏是通过键盘方向箭头键控制"恐龙"运动。走迷宫的过程中,碰到"闪电"或"蝙蝠","恐龙"会被"打"回起点,直到走到"出口",才能成功,结束游戏,游戏界面如图4-1所示。

扫一扫,看视频

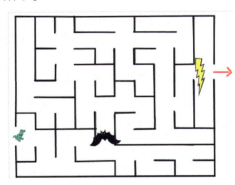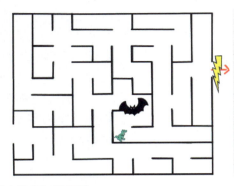

图4-1　游戏"走迷宫"效果图

###  玩一玩

与小伙伴一起玩一玩,并说一说自己的新发现

♡ 场景:_____

♡ 角色:_____

♡ 规则:_____

###  想一想

**1. 情节规划**

"走迷宫"游戏需要制作游戏背景和3个角色(恐龙、蝙蝠、闪电),规划分析如图4-2所示。单击 ▶ 按钮开始游戏,按↑、↓、←、→键,"恐龙"移动,碰到"蝙蝠"或"闪电","恐龙"回到"迷宫入口",重新开始。

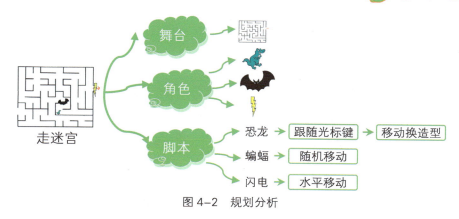

图 4-2 规划分析

### 2. 脚本规划

为了实现"走迷宫"游戏的功能,要对背景、每个角色进行细致的规划分析,具体说明如表 4-1 所示。

表 4-1 脚本规划

| 舞台 | 角色 | 动画情景 | Scratch 积木 |
|---|---|---|---|
| 游戏背景 | 恐龙 | ★按下 4 个方向移动键,恐龙会向着移动键方向移动 2 步,切换下一造型<br>★程序开始,移动到迷宫入口,重复侦测是否碰到蝙蝠、闪电,如果碰到,在 1 秒内移到迷宫入口,如果碰到黑色,倒退 2 步,如果碰到红色,提示游戏成功,全部停止 | 事件 当▶被单击<br>运动 移动<br>控制 如果……那么……<br>外观 切换造型 |
| | 蝙蝠 | ★当▶被单击,每隔 0.5 秒切换一下造型<br>★当▶被单击,每隔 5 秒随机移动到迷宫内任意位置 | 事件 当▶被单击<br>控制 如果……那么……<br>外观 切换造型<br>运算 随机数 |
| | 闪电 | ★当▶被单击,移动到迷宫出口处,不停地在水平线上来回移动 | 事件 当▶被单击<br>运动 移动,碰到边缘就反弹,左-右翻转<br>控制 重复执行 |

## 做一做

### 1. 准备场景和角色

制作游戏,首先要准备好背景和相应的角色。该游戏中的角色有恐龙、蝙蝠和闪电。

### 设置游戏背景

本游戏需要使用一个"迷宫图"作为游戏背景,新建项目的白色背景用不到,要删除。

**01 新建项目** 启动 Scratch 软件后,选择"文件"→"另存为"命令,将项目文件保存为"走迷宫.sb2"。

**02 添加背景** 将"素材"文件夹里的"迷宫背景"图添加到项目中,作为背景。

> 🔊 **提个醒**
>
> 由于本游戏中"迷宫"背景是从网上截图,"迷宫"的墙壁黑色不纯,会出现"恐龙"穿越"宫墙"的情况,所以要把"宫墙"用黑色重描一次。

**03 删除背景** 由于本游戏中用不到白色背景,所以要将其删除。

### 添加游戏角色

系统自带的角色"小猫"在游戏中用不到,要删除,游戏中需要 3 个角色:恐龙、蝙蝠、闪电。

**01 删除角色** 在角色区中删除角色"小猫"。
**02 添加角色"恐龙"** 从角色库中添加角色"恐龙"Dinosaur2 🦖。
**03 添加角色"蝙蝠"** 从角色库中添加角色"蝙蝠"Bat2 🦇。
**04 添加角色"闪电"** 从角色库中添加角色"闪电"Lightning ⚡。

## 2. 设置角色脚本

添加好游戏背景和角色后,根据规划的各角色功能,设置相对应的角色脚本。

### 设置恐龙脚本

游戏开始,"恐龙"要在"迷宫"入口,能跟着键盘上的方向键走动,碰到"蝙蝠""闪电"回到"入口",且不能穿过"迷宫墙壁"。

**01 角色算法分析** 当单击 🚩 按钮后,"恐龙"跟随方向键移动,碰到"蝙蝠""闪电""黑色"和"红色"做出不同动作,角色算法分析如图 4-3 所示。

**02 添加脚本** 给角色"恐龙"添加如图 4-4 所示的脚本。

第4章 智力游戏

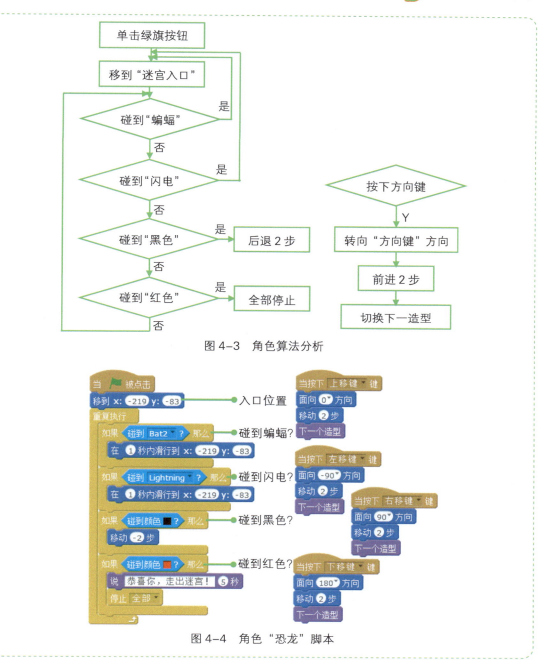

图 4-3 角色算法分析

图 4-4 角色"恐龙"脚本

## 设置其他角色脚本

本游戏中还有蝙蝠和闪电两个角色,这两个角色运行动作简单,脚本也不复杂。

**01 添加"蝙蝠"脚本** "蝙蝠"每隔0.5秒切换一下造型，每5秒随机移到舞台中某一点，给角色"蝙蝠"添加如图4-5所示的脚本。

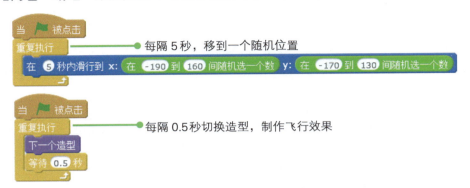

图4-5 角色"蝙蝠"脚本

**02 添加"闪电"脚本** "闪电"只在迷宫出口水平线上来回不停移动，给角色"闪电"添加如图4-6所示的脚本。

**03 保存文件** 运行、测试程序，以"走迷宫（终）.sb2"为名保存文件。

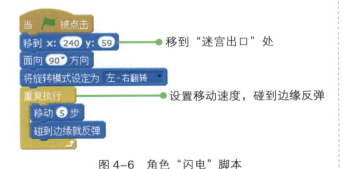

图4-6 角色"闪电"脚本

读一读

### 1. 程序流程图

程序流程图表示程序中的操作顺序。Scratch虽然不用直接输入符号代码，但是进行编程时对问题解决还是要进行程序算法分析的，借助流程图来解决问题是编程常用的简便方法，它能使复杂问题简单化，效率高。流程图中常用的图形符号所对应的名称和作用如表4-2所示。

### 2. 积木程序设计结构

Scratch程序设计中的积木执行顺序有3种方式，包括顺序结构、选择结构和循环结构。

表 4-2 流程图中的常用符号

| 流程符号 | 名称 | 作用 |
|---|---|---|
| ⬭ | 起止框 | 表示程序的开始或终止 |
| ▭ | 过程框 | 表示一个过程 |
| ◇ | 判断框 | 进行条件判断 |
| ▱ | 输入框<br>输出框 | 表示程序此处有数据输入或输出 |
| —\| | 流程线 | 带有箭头,表示程序走向 |

- **顺序结构** 从"第一行"指令开始,由上而下按顺序执行,直到最后一行指令结束,如图 4-7 所示。

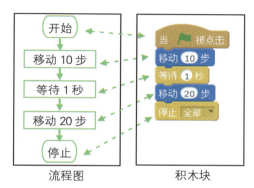

图 4-7 顺序结构流程图

- **选择结构** 选择结构按照特定"条件"的判断结果,决定不同的执行流程,分为单一条件判断、双条件判断与嵌套条件判断,如图 4-8 所示。

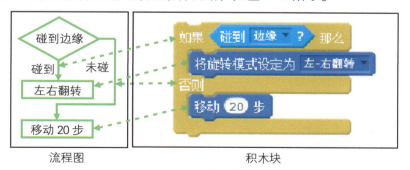

图 4-8 选择结构流程图

- **循环结构** 循环结构流程会反复执行循环体内的指令,直到特定"条件"出现才停止执行。Scratch 循环结构包括 3 种,其举例解释如图 4-9 所示。

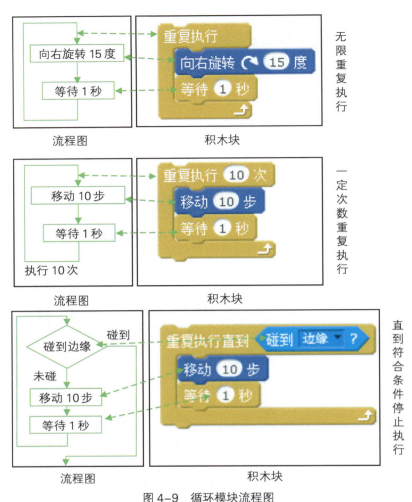

图 4-9 循环模块流程图

 练一练

**1. 改一改**

通过修改按键时的移动步长来改变游戏的难度。请你修改一下试一试吧！

**2. 试一试**

请你尝试着让"闪电"跟"蝙蝠"一样运动，并且加快移动速度，你试一下"迷宫"还是一样好走吗？

## 案例 2  背单词

扫一扫，看视频

"背单词"游戏在屏幕上显示单词，玩家按照单词中字母的顺序依次输入字母，输入正确的字母后系统会"读"出，并且出现一个"箭头"射掉该字母，单词的字母打完后，会出现下一个单词，游戏界面效果如图 4–10 所示。

 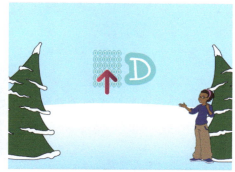

图 4–10  游戏"背单词"效果图

## 玩一玩

**与小伙伴一起玩一玩，并说一说自己的新发现**

- ♡ 场景：＿＿＿＿＿＿＿＿＿＿＿＿＿＿＿＿＿＿＿＿＿＿＿＿＿＿＿＿＿
- ♡ 角色：＿＿＿＿＿＿＿＿＿＿＿＿＿＿＿＿＿＿＿＿＿＿＿＿＿＿＿＿＿
- ♡ 规则：＿＿＿＿＿＿＿＿＿＿＿＿＿＿＿＿＿＿＿＿＿＿＿＿＿＿＿＿＿

## 想一想

 **1. 情节规划**

制作"背单词"游戏，游戏分析如图 4–11 所示。需要制作 2 个游戏背景和 10 个角色。单击 ▶ 按钮，运行游戏，按照屏幕上出现的单词，顺序输入字母，等所有单词输入完成，游戏转到胜利背景。

图 4-11 任务分析

### 2. 脚本规划

为了实现"背单词"游戏的功能，要对背景、每个角色进行细致的规划分析，具体说明如表 4-3 所示。

表 4-3 脚本规划

| 舞台 | 角色 | 动画情景 | Scratch 积木 |
|---|---|---|---|
| 运行背景 | 字母 BDGILOR | ★程序开始时，隐藏<br>★当键盘字母按下，移到特定位置显示<br>★如果碰到箭头，播放读音，特效，隐藏 | 事件 单击▶，按下按键，广播，收到广播<br>运动 移动<br>声音 播放声音<br>外观 显示、特效、隐藏<br>控制 重复 |
| 结束背景 | 箭头 | ★开始隐藏<br>★出现在字母下方<br>★重复 20 次移动 10 步，隐藏 | 事件 按下按键<br>控制 如果…那么…<br>外观 显示、隐藏<br>运算 等于，连接字符 |
| | 老师 | ★显示出现字母<br>★控制单词个数<br>★转到游戏结束场景 | 数据 变量，列表<br>控制 重复<br>侦测 判断<br>运算 等于，第 n 个字符<br>外观 说，水平翻转 |

 做一做

### 1. 设置游戏背景和角色

制作游戏，首先要准备好背景和相应的角色。该游戏有 2 个背景，角色包括 7 个字

母、箭头和老师。

01 **新建项目** 启动 Scratch 软件后，将项目文件保存为"背单词.sb2"。

02 **添加背景** 添加 2 个背景，分别命名为开始背景、结束背景，背景造型如图 4-12 所示。

图 4-12 背景造型

03 **添加角色** 根据规划为本游戏添加 7 个字母角色、箭头和老师角色，各角色如图 4-13 所示。

图 4-13 游戏角色

## 2. 设置角色脚本

添加好游戏背景和角色后，根据规划的各角色功能，设置相对应的角色脚本。

### 设置游戏初始化

游戏初始设置，如得分为 0、时间设置为 60 秒、定义变量为"得分""时间"等，不易在角色中设置的，可在"背景"中设置脚本。

01 **建立变量** 根据程序设计需要，本游戏需要建立 5 个变量：n、word、剩下字符串、字母位置、第几个词。

02 **建立列表** 建立一个列表"全部单词"，用于存放本游戏中要显示的所有单词。

03 **游戏初始化分析** 单击 ▶ 按钮，将舞台切换到"游戏背景"，清楚所有单词变量中的单词，将"第几个词"的值设为 1。

04 **初始化脚本** 添加如图 4-14 所示的脚本，用于游戏初始化。

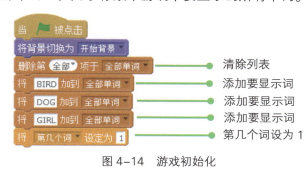

图 4-14 游戏初始化

### 设计角色脚本

本游戏中涉及的角色有 7 个字母、箭头和老师，它们各有不同任务，需要根据不同任务来设计各自脚本。

01 **角色"字母"分析** 由于 7 个字母脚本基本一样,现在以 B 为例进行分析。单击  按钮,字母隐藏。当接收到广播 B 信息后到特定位置显示,每 0.1 秒检测一次是否碰到箭头,碰到箭头,播放声音 B,重复执行 10 次颜色增加 25,隐藏,广播 B-hit。

02 **角色"字母"脚本** 给字母"B"角色添加如图 4-15 所示的脚本。

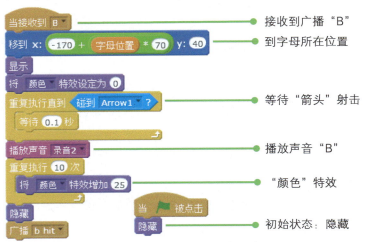

图 4-15 字母"B"角色脚本

03 **角色"箭头"算法分析** 单击  按钮,"箭头"向上转、隐藏,当某个字母处于第一个位置时按下,"箭头"从该字母下方"射"向字母、隐藏。

04 **创建积木** 由于"箭头"要把所有字母都"射"掉,对应每个字母的脚本基本一样,只是把对应的字母改变一下,为了简化程序,可新建积木。按照如图 4-16 所示操作,新建可传递参数的积木。

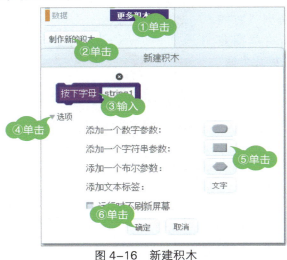

图 4-16 新建积木

**05 角色"箭头"脚本** 给角色"箭头"添加如图 4-17 所示的脚本。

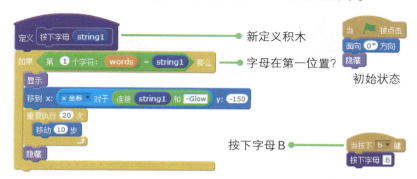

图 4-17　"箭头"脚本

**06 其他字母脚本** 按照图 4-15 中"按下字母 B"脚本样式，为其他 6 个字母添加脚本。

**07 角色"老师"算法分析** "老师"把单词按字母顺序"说"出，说出一个字母，就发该字母的广播信息，一个单词发完，等待，当接收到第一个字符被"箭头"击破，字符串中第一字符删除，直到所有字符都被"击破"，显示下一单词。

**08 角色"老师"脚本** 给角色"老师"添加如图 4-18 所示的主脚本。

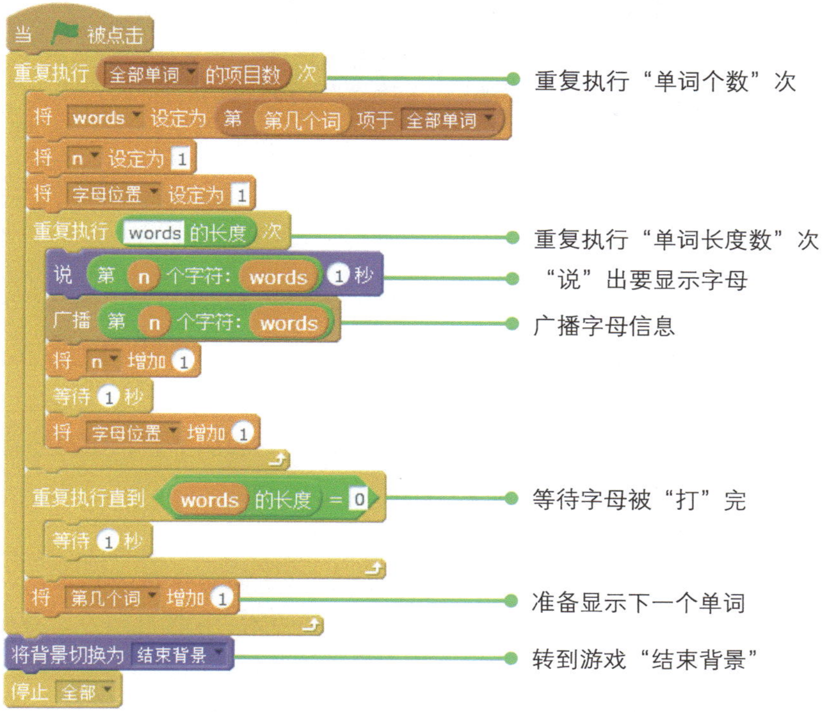

图 4-18　"教师"主脚本

**09 清除字母脚本** 给角色"老师"添加的"清除字母"脚本如图 4-19 所示。

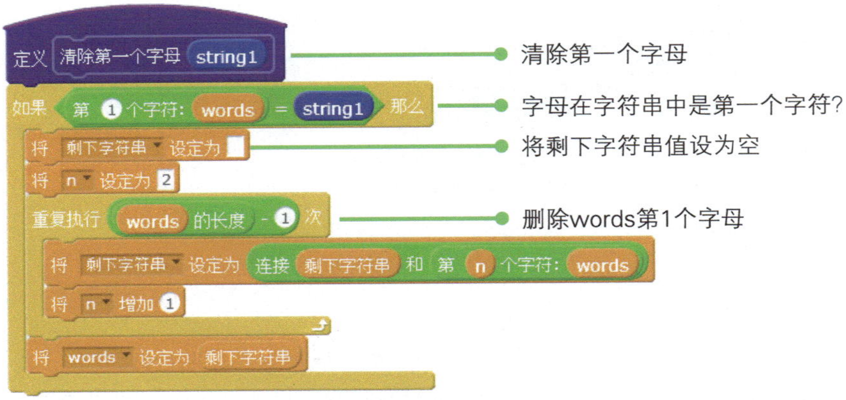

图 4-19 "清除字母"脚本

**10 绑定字母清除脚本** 当"老师"接收到字母被击中广播信息时,会清除相应的字母,这需要为每个字母都添加上相应的脚本,如图 4-20 所示。

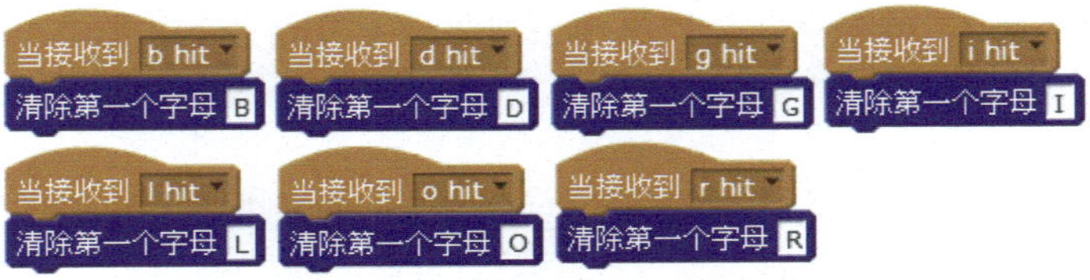

图 4-20 绑定"清除字母"脚本

**11 保存文件** 运行、测试程序,以"背单词(终).sb2"为名保存文件。

# 读一读

## 1. 给角色配音

在脚本中可以让角色发出弹奏音乐,播放系统里已有的声音,也可以为角色录制声音,为角色配音的操作方法如图 4-21 所示。

## 2. 定义积木参数传递

有些程序中很多的脚本基本是一样的,如本游戏中所有字母的脚本,只是所使用的字母不一样,这样可以新建一个带参数传递功能的积木,来简化程序,减少工作量。定义积木的方法"做一做"中已经介绍,其中参数传递过程如图 4-22 所示。当按下 B 键时,"按下字母"积木中的"string1"会换成"B";当按下 D 键时,"按下字母"积木中的"string1"会换成"D",调用其他字母或字符串功能也是一样的。

第4章 智力游戏

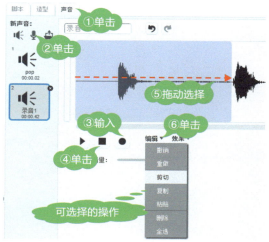

图4-21 为角色配音

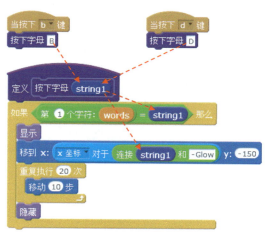

图4-22 定义积木参数传递

 练一练

**1. 改一改**

你还能用本游戏中的几个字母组成哪些单词,想一想,把它们在程序中显示出来?

**2. 试一试**

你能根据本课所学知识,再添加一些字母,制作出更多单词的游戏吗?

## 案例3 快乐七巧板

玩"快乐七巧板"游戏时,可拼成许多图形,如三角形、平行四边形、不规则多边形,也可拼成各种人物、动物等。玩家通过鼠标来拖动"板块"完成游戏,游戏界面如图4-23所示。

扫一扫,看视频

图4-23 游戏"快乐七巧板"效果图

## Scratch 游戏编程趣味课堂

与小伙伴一起玩一玩，并说一说自己的新发现

- 场景：_____
- 角色：_____
- 规则：_____

## 想一想

### 1. 情节规划

"快乐七巧板"游戏的界面包括游戏背景图、七巧板、动物形状、返回按钮等角色，如图 4-24 所示。运行游戏，单击相应的动物形状，进入用七巧板拼动物形状场景，用鼠标拖动七巧板进行游戏。

图 4-24 "快乐七巧板"游戏分析

### 2. 脚本规划

为了实现"快乐七巧板"游戏的功能，需要对场景、每个角色进行细致的规划分析，重点的脚本分析说明如表 4-4 所示。

表 4–4　脚本规划

| 舞台 | 角色 | 动画情景 | Scratch 积木 |
|---|---|---|---|
| 开始背景 | 动物造型 | ★程序开始时，背景为"开始背景"<br>★单击动物造型时，场景转到相应的背景 | 事件　当▶被单击；当角色被单击<br>外观　切换背景 |
| 运行背景 | 七巧板 | ★单击▶，角色隐藏<br>★当场景转到"运行背景"，显示<br>★拖放到指定区域内，移动到正确位置，否则移动到开始所在位置 | 事件　当▶被单击<br>控制　如果……那么……；重复执行<br>运动　移到<br>运算　等于，与 |
|  | 返回按钮 | ★单击▶，角色隐藏<br>★当被单击，转到开始背景 | 事件　当▶被单击<br>外观　切换背景 |

## 做一做

### 1. 设置游戏背景和角色

制作游戏，首先要准备好背景和相应的角色。该游戏中的背景有 5 个造型，角色包括 1 副七巧板、4 个动物造型以及返回按钮。

**01　新建项目**　新建 Scratch 项目，将文件保存为"快乐七巧板.sb2"。

**02　添加背景**　添加 5 个背景，分别命名为开始背景、恐龙、小狗、鹦鹉和狐狸，背景造型如图 4–25 所示。

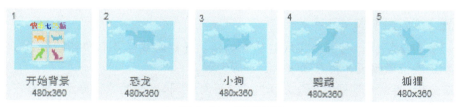

图 4–25　背景造型

**03　添加角色**　根据规划，从"素材"文件夹中添加角色：7 块七巧板角色、4 个动物造型和返回按钮，各角色造型如图 4–26 所示。

图 4–26　角色及造型

## 2. 设置脚本

本游戏的关键点是如何实现各块七巧板初始位置和正确位置，不同动物造型只能显示对应造型的七巧板。

### 设置动物造型脚本

游戏启动后，单击游戏封面中的动物造型按钮，可进入相应动物造型的游戏环节，实现跳转效果。

01 **算法分析** 当 🏁 被单击后，游戏转场到"开始游戏"背景，当动物造型按钮被单击时，会转到相应的场景。

02 **编写按钮脚本** 根据分析，由于 4 个按钮脚本一样，现在以"恐龙"造型按钮为例，为其添加如图 4-27 所示的脚本，其他 3 个请自行添加。

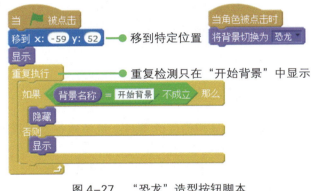

图 4-27　"恐龙"造型按钮脚本

### 设置七巧板脚本

七巧板有 7 块板，它们要实现的功能一样，开始游戏前要有个初始位置，游戏中如果移到正确位置附近，将自动吸附到正确位置。

01 **算法分析** 当背景切换到"恐龙"时，"绿三角形"移到初始位置显示。只有在"恐龙"背景中显示，离开后就隐藏。当被拖放到正确位置附近，会自动移动到正确位置。

02 **编写"绿三角形"脚本** 根据分析，为"绿三角形"添加如图 4-28 所示的脚本。

03 **编写七巧板其他板块脚本** 由于其他板块功能与"绿三角形"一样，只是初始位置和正确位置坐标不同，可参照表 4-5 中的坐标值添加脚本。

第4章 智力游戏

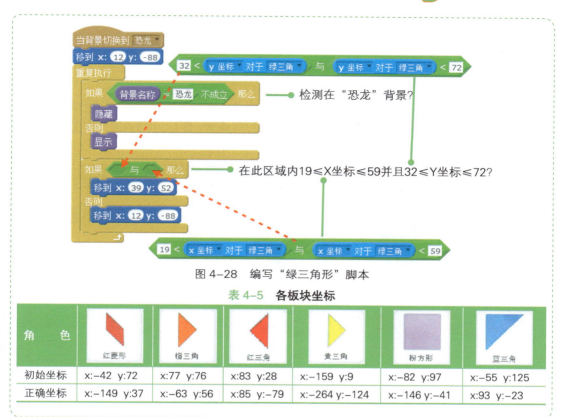

图4-28 编写"绿三角形"脚本

表4-5 各板块坐标

| 角色 | 红菱形 | 橙三角 | 红三角 | 黄三角 | 粉方形 | 蓝三角 |
|---|---|---|---|---|---|---|
| 初始坐标 | x:-42 y:72 | x:77 y:76 | x:83 y:28 | x:-159 y:9 | x:-82 y:97 | x:-55 y:125 |
| 正确坐标 | x:-149 y:37 | x:-63 y:56 | x:85 y:-79 | x:-264 y:-124 | x:-146 y:-41 | x:93 y:-23 |

## 设置返回按钮脚本

返回按钮在游戏开始背景中是隐藏的,只要离开,就显示,单击它就可以回到"游戏开始"。

01 **分析角色** 当 ▶ 被单击时,隐藏角色。当场景转换到其他,就会在固定位置显示,单击它,场景返回到"游戏开始"。

02 **编写"返回按钮"脚本** 根据分析,为"返回按钮"角色添加如图4-29所示的脚本。

03 **保存文件** 运行、测试游戏,将文件以"快乐七巧板(终).sb2"为名保存。

图4-29 编写"返回按钮"角色脚本

93

## 读一读

### 1. 复制角色脚本

在进行游戏开发时，有时好多角色的脚本基本上一样，那么就可以把已经编写好的角色脚本复制到另外一个角色，然后再进行相应的修改，这样可以省去许多重复工作。复制角色脚本的操作如图 4-30 所示。

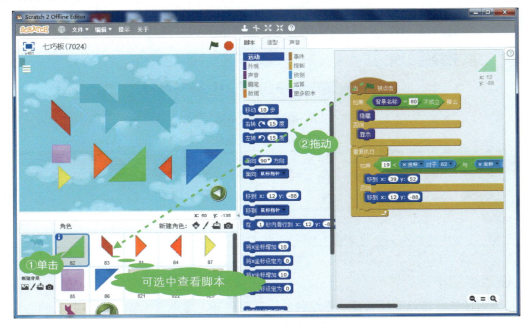

图 4-30　复制角色脚本

### 2. 快速查看角色位置坐标

在使用 Scratch 编写游戏时，很多时候需要用到角色的位置坐标，将鼠标控制光标移动到角色上，查看光标的坐标，可以粗略查看坐标，想要查看精确的坐标，可以按照如图 4-31 所示快速查看或使用角色坐标。

# 第4章 智力游戏

图 4-31 使用或查看角色坐标

### 1. 改一改

想一想，本案例游戏中，如果感觉"恐龙"造型里的七巧板各板块初始位置不好，修改哪个参数可以实现？

### 2. 试一试

案例中只做了一个"恐龙"造型的游戏，请你根据所学知识，为后面的"小狗""鹦鹉"和"狐狸"也设计一下，需要的角色图片在"素材"文件夹中。

# 第 5 章　益智游戏

　　益智类游戏的主要目的是锻炼眼力、脑力,增加自身的逻辑思维能力、运算能力、记忆能力等。

　　本单元围绕益智游戏主题,设计了常见的"投骰子""记忆翻牌""动物连连看"3 个耐玩有趣的游戏。3 个游戏侧重点有所有同,"投骰子"游戏主要是随机博弈;"记忆翻牌"游戏主要考验瞬间记忆力;"动物连连看"游戏则是眼手的协调能力。

**学习内容**

-  案例 1　投骰子
- 案例 2　记忆翻牌
- 案例 3　动物连连看

# 案例 1　投骰子

扫一扫，看视频

"投骰子"游戏让 2 个玩家分别投骰子，比较其总点数大小，总点数大的胜。玩家先对话，再依次单击各自的按钮开始摇骰子。每轮结束后，玩家可以单击"再玩一局"按钮多次重复游戏，游戏界面如图 5-1 所示。

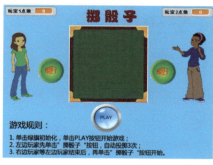 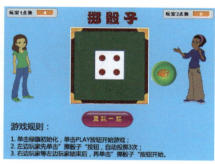

图 5-1　游戏"投骰子"效果图

## 玩一玩

与小伙伴一起玩一玩，并说一说自己的新发现

♡ 场景：＿＿＿＿＿＿＿＿＿＿＿＿＿＿＿＿＿＿＿＿＿＿＿＿

♡ 角色：＿＿＿＿＿＿＿＿＿＿＿＿＿＿＿＿＿＿＿＿＿＿＿＿

♡ 规则：＿＿＿＿＿＿＿＿＿＿＿＿＿＿＿＿＿＿＿＿＿＿＿＿

## 想一想

### 1. 情节规划

"投骰子"游戏由 1 个游戏场景、2 个人物角色和 3 个按钮角色组成，如图 5-2 所示。游戏设计的基本思路是通过随机数来控制骰子的造型和点数，并将各玩家的点数累计起来，进行输赢判断。

### 2. 脚本规划

为了实现"投骰子"游戏的功能，需要对场景、每个角色进行细致的规划分析，主要的脚本分析说明如表 5-1 所示。

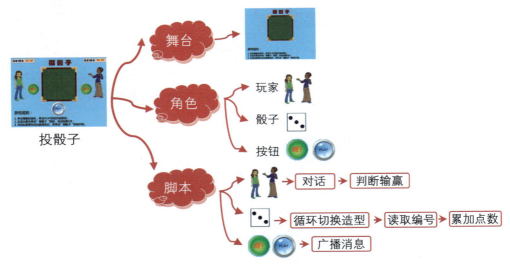

图 5-2 "投骰子"游戏分析

表 5-1 脚本规划

| 舞台 | 角色 | 动画情景 | Scratch 指令 |
|---|---|---|---|
| 游戏背景 | 2 个玩家 | ★当接收到"开始"时开始对话<br>★"玩家 1"接收到"玩家 1 成绩"时说出成绩并对话<br>★"玩家 2"接收到"玩家 2 成绩"时说出成绩，判断胜负并对话 | 事件 当接收到"开始"；当接收到成绩通知<br>数据 判断得分<br>控制 如果……那么……<br>外观 说……<br>运算 小于、等于、大于 |
| | 骰子<br>共有 6 个造型，点数分别是 1 至 6 | ★单击▶，切换造型<br>★角色被单击，得分设定为 0，广播"开始"消息 | 事件 当角色被单击；当▶被单击；广播<br>数据 得分设定为 0<br>控制 如果……那么……<br>外观 切换造型 |
| | 投掷按钮 | ★单击▶，显示<br>★接收到"开始"，显示<br>★角色被单击，广播各自玩家开始掷骰子 | 事件 当角色被单击；当▶被单击；广播<br>运算 得分设定为 0<br>控制 等待<br>外观 显示；隐藏 |
| | PLAY 按钮 | ★单击▶，切换造型<br>★角色被单击，得分设定为 0，广播"开始"，切换造型 | 事件 当角色被单击；当▶被单击；广播<br>数据 得分设定为 0<br>控制 等待<br>外观 显示；隐藏 |

##  做一做

### 1. 准备场景和角色

制作游戏,首先要准备好背景和相应的角色。该游戏中的角色包括 2 个玩家、1 个骰子、3 个按钮,其中"开始按钮"和"骰子"角色有多个造型。

**01 新建项目** 新建项目,添加背景图,将文件保存为"投骰子.sb2"。

**02 添加玩家角色** 从角色库中分别选取角色"abby"和"avery",调整大小和位置,并分别修改角色名为"玩家 1"和"玩家 2"。

**03 添加"骰子"角色** 导入外部图片"1 点 .png",再分别上传"2 点 .png""3 点 .png"等作为其他造型,将角色名修改为"骰子"。

**04 添加"掷骰子"角色** 继续导入图片"掷骰子 .png"并复制角色,将其分别命名为"掷骰子 1"和"掷骨子 2"。

**05 添加"开始按钮"角色** 继续导入图片"play.png",修改角色名为"开始按钮",再上传"再玩一局 .png"作为角色新造型。

### 2. 编写脚本

本游戏中的角色分为三类,一是玩家角色,二是骰子角色,最后是按钮角色。根据规划的脚本和游戏的开始顺序,先设置按钮角色的脚本,再设置骰子和玩家角色的脚本。

---

#### 设置按钮脚本

玩家单击绿旗和"开始按钮"启动游戏,再单击"掷骰子"正式开始。

**01 设置"开始按钮"脚本** "开始按钮"角色主要功能为广播消息及 2 个造型之间的切换,添加如图 5-3 所示的脚本。

**02 设置"掷骰子"脚本** 选择"掷骰子 1"和"掷骰子 2"角色,分别添加如图 5-4 所示的脚本。

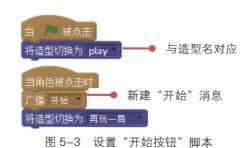

图 5-3 设置"开始按钮"脚本

---

> **提个醒**
> 
> 当多个角色的脚本类似时,可以完成一个角色的脚本,再复制相似的脚本到其他角色;也可先只制作一个角色及脚本,再复制角色,以提高效率。

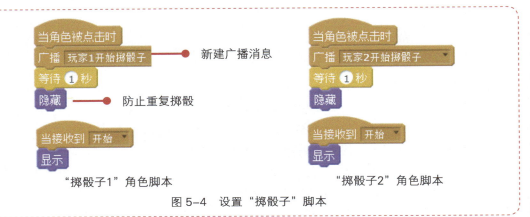

图 5-4 设置"掷骰子"脚本

### 设置骰子脚本

"骰子"角色是接收到"开始掷骰子"消息时,模拟掷骰子的动态效果,读取和累加点数。

**01 建立变量** 新建 2 个适用于所有角色的变量,分别命名为"玩家 1 点数""玩家 2 点数",并调整各自在舞台中的位置。

**02 设置初始变量脚本** "骰子"接收到"开始"的广播消息后,要先将各自的点数设置为 0,添加如图 5-5 所示的脚本。

**03 "骰子"脚本分析** "骰子"角色分别侦听"掷骰子 1"和"掷骰子 2"的广播消息,接收到相关消息后开始动态切换造型并定在随机造型,脚本分析如图 5-6 所示。

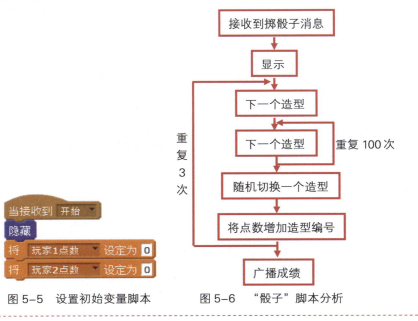

图 5-5 设置初始变量脚本　　图 5-6 "骰子"脚本分析

## 第5章 益智游戏

**04** **"玩家1"投掷脚本** 根据脚本分析,为"玩家1开始掷骰子"添加如图5-7所示的脚本。

**05** **"玩家2"投掷脚本** 复制"玩家1"投掷脚本,并修改接收消息、变量名和广播消息。

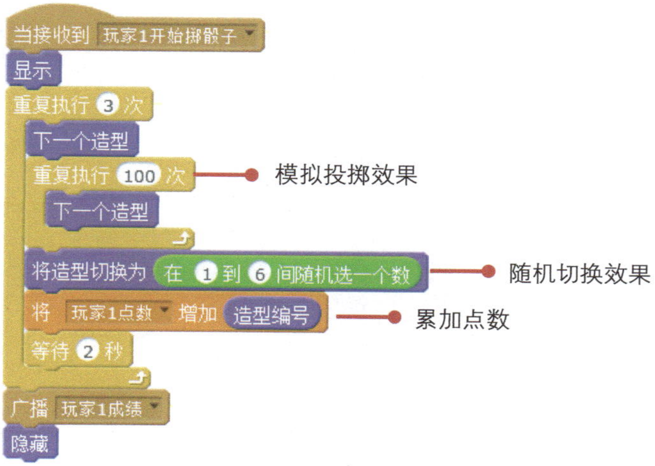

- 模拟投掷效果
- 随机切换效果
- 累加点数

图5-7 "玩家1"掷骰子脚本

### 想一想

同一个角色内的代码块如何快速复制?本角色中的代码块复制后哪些参数或指令需要修改?

### 设置玩家脚本

2个玩家接收到成绩消息后说出成绩,玩家1先掷骰子,玩家2后掷骰子,并判断胜负。

**01** **设置"玩家1"脚本** "玩家1"角色接收到"骰子"角色广播的"玩家1成绩"消息后说出自己的成绩,添加如图5-8所示的脚本。

图5-8 设置"玩家1"脚本

**02** **设置"玩家2"脚本** "玩家2"角色接收到"骰子"角色广播的"玩家2成绩"消息后说出自己的成绩,添加如图5-9所示的脚本。

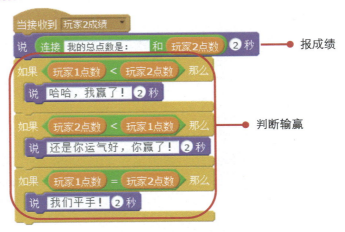

图 5-9 设置"玩家 2"脚本

**03 保存文件** 运行、测试程序,以"投骰子(终).sb2"为名保存文件。

# 读一读

## 1. 字符串积木

"数字与逻辑运算"模块里有关字符操作的积木有 3 个,它们的功能分析如表 5-2 所示(假设变量"成绩"当前值为 7)。

表 5-2  字符串积木

| 积 木 | 功 能 | 举 例 |
| --- | --- | --- |
|  | 连接多个字符串<br>(字符串、变量等) | 连接 成绩是 和 连接 成绩 和 ,加油!<br>结果:成绩是 7,加油! |
| 第 1 个字符:world | 返回字符串指定位置上的字符 | 第 3 个字符:你好!<br>结果:! |
| world 的长度 | 返回字符串长度 | 你好! 的长度<br>结果:3 |

## 2. 动画效果

有 2 个及以上造型的角色,可以利用"下一个造型"或"将造型切换为"积木产生一定的动画效果。对于单造型角色,可以利用"将角色大小增加"来实现大小变化的效果。这些可以产生动画效果的积木在"外观"模块下,脚本如图 5-10 所示。

第 5 章 益智游戏

造型及背景切换积木　　改变角色大小积木

图 5-10　动画效果积木

## 练一练

### 1. 改一改

本案例游戏中的 2 个玩家角色均选自角色库，并且具有多个造型，请试着编写脚本"玩家1"角色，实现被单击时动起来的效果，参考脚本如图 5-11 所示。

图 5-11　实现被单击时的动画效果

### 2. 试一试

修改胜负反馈方式，制作 3 个新角色，分别是"玩家1胜""玩家2胜""平手"，修改"玩家2"脚本，设计新加的 3 个角色脚本，新角色和部分脚本如图 5-12 所示。

3 个新角色

"玩家2"部分脚本

图 5-12　"试一试"部分脚本

## 案例 2　记忆翻牌

"记忆翻牌"游戏是一款考验瞬时记忆的小游戏。玩家先用魔术棒（跟随鼠标）单击色块翻开底牌，再单击其他色块翻开其他底牌，如果 2 次翻的底牌相同，则色块消失，如果不相同，则

扫一扫，看视频

色块不消失。游戏界面如图 5-13 所示。

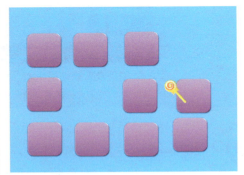

图 5-13 游戏"记忆翻牌"效果图

## 玩一玩

与小伙伴一起玩一玩，并说一说自己的新发现

- ♡ 场景：_____
- ♡ 角色：_____
- ♡ 规则：_____

## 想一想

### 1. 情节规划

游戏分 2 个场景，即启动画面和游戏画面，单击  按钮进入启动画面，单击"PLAY"按钮进入游戏画面。游戏开始后，单击色块，切换图案，在图案复原前点开相同的图案，游戏分析如图 5-14 所示。

### 2. 角色配对规划

翻牌最基本的动作就是单击色块后切换到另一个有图案的造型，切换后要停留一定时间（如 1 秒）。游戏的最终目的是消除所有色块，消除的方法是连续翻开 2 张相同的图案。为避免过度复杂，相同图案的编号和位置事先已经规划好，而不是随机产生。本游戏一共 12 张牌，也就有 6 对图案，角色及配对规划如表 5-3 所示。

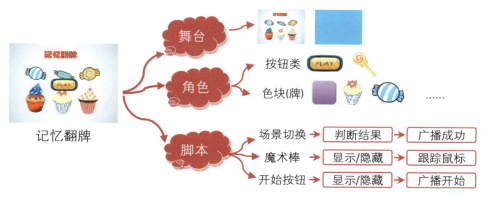

图 5-14 "记忆翻牌"分析图

表 5-3 角色及配对规划

| 角色 | 角色造型 | | 编号 | 配对对象 | 角色 | 角色造型 | | 编号 | 配对对象 |
|---|---|---|---|---|---|---|---|---|---|
| 牌 1 | | | 编号 01 | 编号 11 | 牌 7 | | | 编号 07 | 编号 12 |
| 牌 2 | | | 编号 02 | 编号 09 | 牌 8 | | | 编号 08 | 编号 10 |
| 牌 3 | | | 编号 03 | 编号 05 | 牌 9 | | | 编号 09 | 编号 02 |
| 牌 4 | | | 编号 04 | 编号 06 | 牌 10 | | | 编号 10 | 编号 08 |
| 牌 5 | | | 编号 05 | 编号 03 | 牌 11 | | | 编号 11 | 编号 01 |
| 牌 6 | | | 编号 06 | 编号 04 | 牌 12 | | | 编号 12 | 编号 07 |

## 3. 脚本规划

"记忆翻牌"游戏有两点比较关键,一是配对的实现,二是判断所有牌是配对完成并全部消除。主要的脚本规划如表 5-4 所示。

表 5-4 规划脚本

| 舞台 | 角色 | 动画情景 | Scratch 积木 |
|---|---|---|---|
| 启动界面 | 开始按钮 | ★ ▶ 被单击时显示<br>★ 单击时,隐藏并广播开始 | **事件** 当 ▶ 被单击;当角色被单击;广播<br>**外观** 显示,隐藏 |

(续表)

| 舞台 | 角色 | 动画情景 | Scratch 积木 |
|---|---|---|---|
| 游戏界面 | 魔术棒 | ★接收到游戏开始时，显示并跟踪鼠标<br>★接收到"成功"时，隐藏并停止脚本 | 事件 接收到广播<br>控制 重复执行；停止 |
| | 12 张牌 | ★接收到游戏开始时，切换造型，设置编号，判断是否翻牌，判断两次翻牌是否相同<br>★当绿旗被单击，隐藏 | 事件 接收到广播<br>数据 新建变量；设定变量值为<br>运算 等于，与<br>外观 切换造型 |

### 1. 添加背景与角色

游戏案例包括 2 个背景图、开始按钮、12 张牌及成功标志等。制作游戏时，需要先导入外部素材，并调整好其在舞台中的位置。

**01 新建项目** 新建 Scratch 项目，将文件保存为"记忆翻牌 .sb2"。

**02 添加背景** 导入图片"背景 .jpg"作为背景的第 1 个造型，添加背景库中的"blue sky3"作为背景的第 2 个造型。

**03 添加"开始"按钮** 导入图片"开始按钮 .png"作为"开始"按钮，并调整其在舞台中的位置与大小。

**04 添加"魔术棒"角色** 导入图片"魔术棒 .png"作为鼠标指针，并调整大小。

**05 添加"成功"角色** 导入图片"成功 .png"作为成功标志，各角色如图 5–15 所示。

图 5–15　各角色添加后效果

**06 添加"牌 1"角色** 切换背景至第 2 个造型，隐藏所有角色，导入图片"色块 .png"，移至舞台的右上部，并命名为"牌 1"。

**07 复制角色** 按图 5–16 所示操作，复制"牌 1"角色 11 个，按左右上下顺序排列。

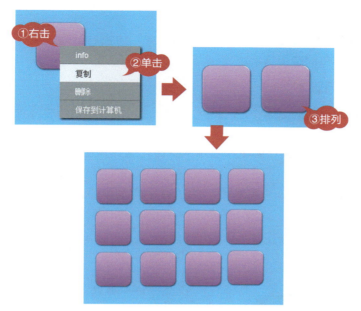

图 5-16 所有"牌"角色排列效果

> **提个醒**
> 每复制一次角色,要按从左到右、从上到下的顺序摆放后,再复制、摆放下一个,不能一次复制过多;复制后的角色名系统自动编号,无须修改。

**08 添加造型** 选择"牌1"角色,上传"冰淇淋1.png"作为"牌1"角色的第2个造型。

**09 完成造型配对** 根据造型和角色配对规划,继续为其他牌添加第2个造型,完成后的效果如图5-17所示。

图 5-17 所有"牌"的第 2 个造型

## 2. 设置脚本

本游戏的关键是"魔术棒"(鼠标)单击"牌"角色后切换造型并等待,同时判断等待其他"牌"角色的造型情况。

### 设置简单角色脚本

案例中,开始按钮、"魔术棒"和"成功"3个角色主要用于广播消息、通知等,脚本比较简单。

**01 设置开始按钮** 设置按钮隐藏和显示的状态,选择按钮角色,添加如图5-18所示的脚本。

**02 设置"魔术棒"脚本** "魔术棒"的主要作用是跟随鼠标,添加如图5-19所示的脚本。

图5-18 设置开始按钮

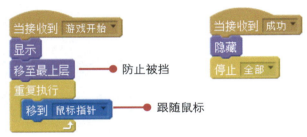

图5-19 "魔术棒"角色脚本

**03 设置"成功"脚本** "成功"角色只在接收到"成功"消息时显示,开始前要隐藏该角色,添加如图5-20所示的脚本。

图5-20 设置"成功"脚本

### 设置翻牌脚本

当魔术棒(鼠标)在牌上单击时切换第2个造型,并将此造型保留一定时间,以等待魔术棒单击其他造型,同时完成比对。

**01 设置"牌1"隐显状态** "牌"角色在▶被单击时隐藏,收到"游戏开始"消息后切换造型并显示,设置"牌1"角色的隐显状态,添加如图5-21所示的脚本。

图5-21 设置"牌1"角色的隐显状态

**02 变量分析** 牌的2种造型状态需要用变量来记录,所以要先定义12个变量用0和1来记录牌是否被翻,变量值与造型的对应关系如表5-5所示。

## 第 5 章 益智游戏

表 5-5 变量值与造型的对应关系

| 角色 | 变量名 | 色块造型值 | 第 2 造型值 |
|---|---|---|---|
| 牌 1 | 编号 01 | 0 | 1 |
| 牌 2 | 编号 02 | 0 | 1 |
| …… | …… | 0 | 1 |
| 牌 12 | 编号 12 | 0 | 1 |

**03 新建变量** 新建适用于所有角色的 12 个变量，变量如表 5-5 所示。

**04 "牌 1"流程分析** "牌"角色接收到"游戏开始"消息后，一直监测是否被魔术棒单击，再循环判断，完成配对，具体分析如图 5-22 所示。

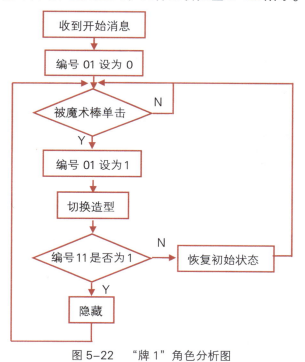

图 5-22 "牌 1"角色分析图

> 🔊 **提个醒**
>
> 如果 1 秒内配对不成功（变量"编号 11"的值不是 1），则变量"编号 01"的值恢复为 0，"牌 1"造型复原；否则变量"编号 01"值设定为 1。

**05 搭建脚本框架** "牌 1"角色完成状态和变量的初始化后，即进入循环判断，按图 5-23 所示搭建脚本框架。

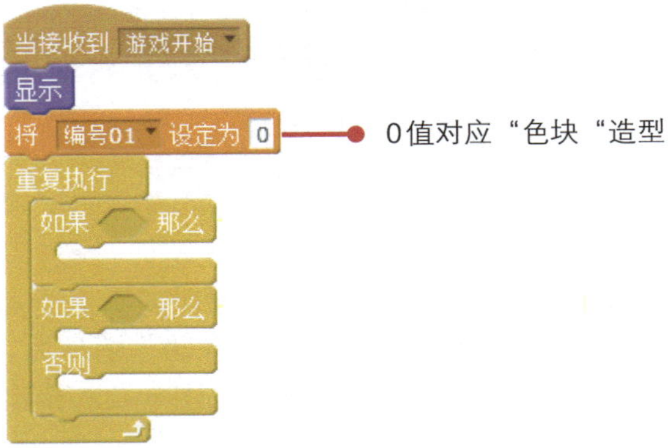

图 5-23 搭建脚本框架

**06 判断单击情况** 当"魔术棒"碰到"牌1"角色并且鼠标左键按下,表示被"魔术棒"单击,脚本如图 5-24 所示。

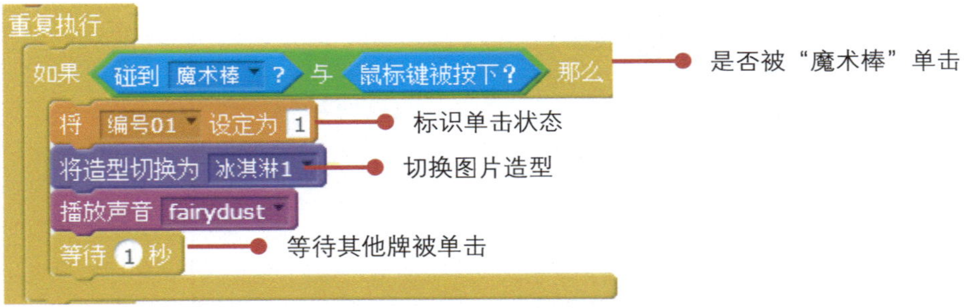

图 5-24 判断单击情况脚本

**07 判断配对情况** 在 1 秒等待期内,若"牌11"也被单击,则表示配对成功脚本如图 5-25 所示。

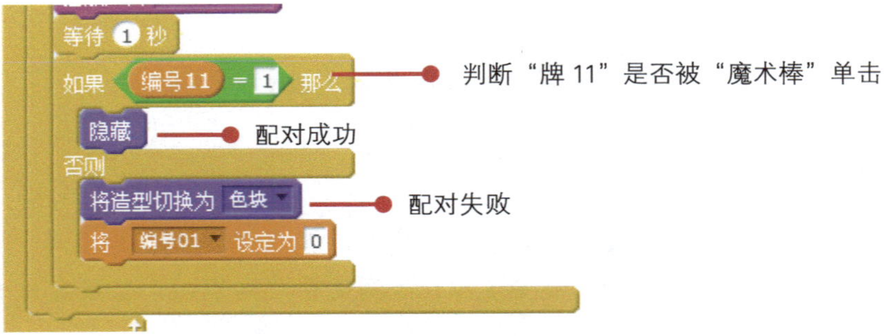

图 5-25 判断配对情况脚本

**08 完成其他牌脚本** 复制"牌1"角色脚本至其他 11 个牌角色,参照图 5-26 所示修改相应的参数。

第 5 章 益智游戏

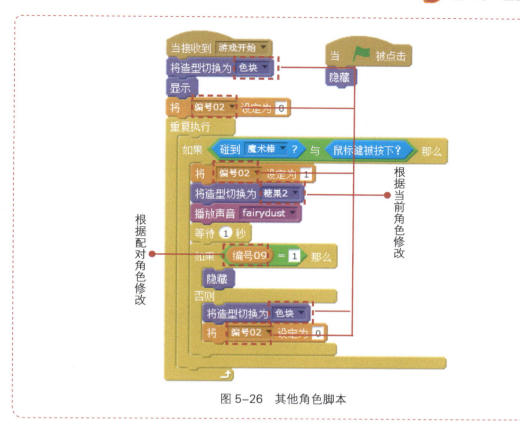

图 5-26 其他角色脚本

### 设置背景脚本

背景脚本的主要作用一是完成界面的切换，二是判断所有牌是否配对完成，并消失。

**01 设置背景切换状态** 背景有 2 个造型，需要根据不同情况切换，按如图 5-27 所示脚本，设置背景切换。

**02 搭建循环判断框架** 游戏开始后，背景角色一直循环判断是否成功，其循环判断框架脚本如图 5-28 所示。

图 5-27 设置背景切换

图 5-28 搭建循环判断框架

**03 设置判断脚本** 所有角色消失后，所有变量的值也都由 0 设定为 1，其和即为 12，先添加 6 个加式、5 个加法运算符、1 个比较运算符，再合成，脚本如图 5-29 所示。

111

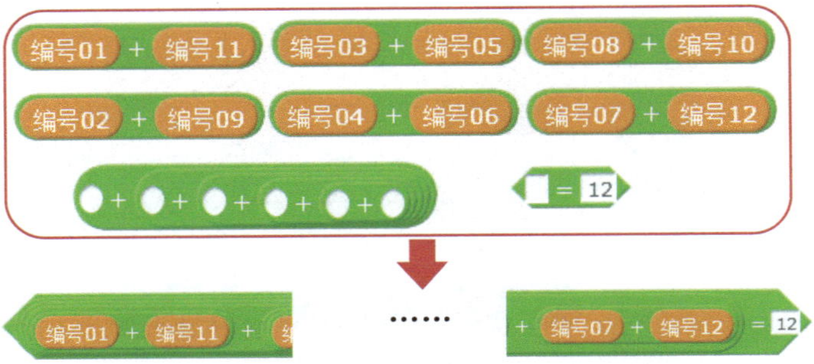

图 5-29 设置判断脚本

> **提个醒**
>
> 6个加式连成一个综合加式,需要5个加式运算符;当运算变量较多时,可以先设计单个运算式,再合成。

**04 完成脚本** 当所有编号的和为12时广播"成功",再添加其他脚本,完整的背景脚本如图 5-30 所示。

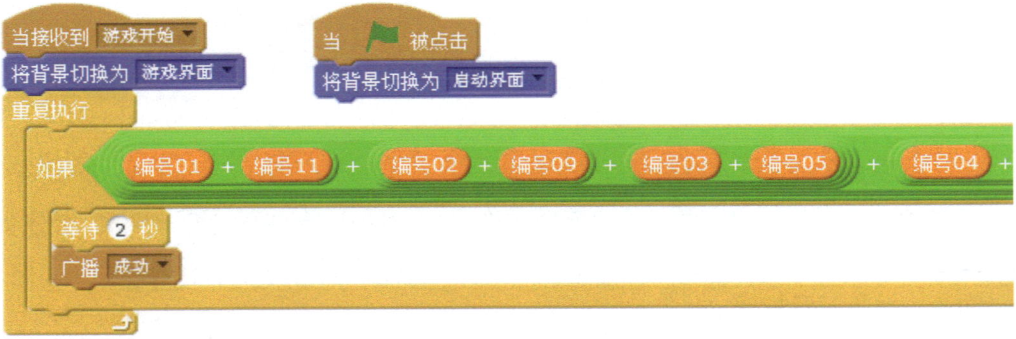

图 5-30 背景脚本

**05 保存文件** 运行、测试程序,以"记忆翻牌(终).sb2"为名保存文件。

### 1. 运算符嵌套

大多数情况下,只用到一个运算符的运算很少,综合运算就会用到多个运算符,如本游戏中12个变量和运算,就要用到11个"加"运算符。在设计运算符较多的脚本时，一般先设计好单个积木，再搭建空白的运算框架，最后将各单个积木填充到运算框架中。

### 2. 重复执行

游戏中出现循环执行某段积木的情况，如角色一直跟随鼠标，这时就要根据不同的循环结构，使用不同的循环积木。在 Scratch 中，共有 3 种循环积木可以使用，如图 5-31 所示。

图 5-31　重复执行的类别

 练一练

### 1. 改一改

当"牌"角色被魔术棒单击后，等待其他牌被单击，等待时间设定为 1 秒。想一想，这个等待时间过大或过小对游戏的难度有什么影响？请改一改所有牌被单击的等待时间（如 2 秒、0.5 秒），再玩一玩体验各自难度。参考脚本如图 5-32 所示。

图 5-32　修改等待时间

### 2. 试一试

本游戏中，没有设计失败机制，想一想如何设计失败环节？选择背景角色，参照图 5-33，通过"计时器"控制游戏时间。注意：除增加下面脚本外，还要增加"失败"角色，以及与"成功"角色相似的脚本。

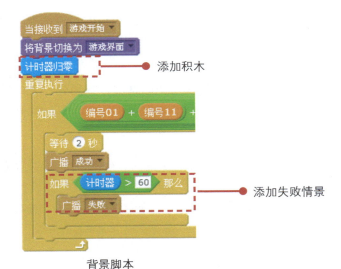

图 5-33　设计失败情景

## 案例 3　动物连连看

扫一扫，看视频

"动物连连看"是一款锻炼眼手协调和鼠标单击速度的游戏。玩家需要单击游戏画面中的图案，如果连续单击的图案相同，则 2 个图案均消失并得分；如果超时则失败。游戏界面如图 5-34 所示。

图 5-34　游戏"动物连连看"效果图

## 玩一玩

与小伙伴一起玩一玩，并说一说自己的新发现

♡ 场景：_____

♡ 角色：_____

♡ 规则：_____

### 1. 情节规划

"动物连连看"游戏界面包括封面、游戏界面 2 个背景，游戏的场景和角色如图 5-35 所示。游戏设计基本思路是游戏运行后，图案角色按一定的规律克隆 36 次，这 36 个克隆体有 5 个造型，每一种图案对应一种造型；玩家单击相同的图案，使其消失。

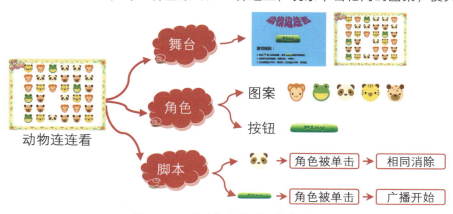

图 5-35 "动物连连看"游戏分析

### 2. 脚本规划

为了实现"动物连连看"游戏的功能，需要对场景、每个角色进行细致的规划分析，主要的脚本分析说明如表 5-6 所示。

表 5-6　脚本规划

| 舞台 | 角色 | 动画情景 | Scratch 积木 |
|---|---|---|---|
| 游戏背景 | 1 个图案角色<br>5 个造型 | ★程序开始时，克隆（自我复制）生成 6 行 6 列图案<br>★新建"我的造型""我的编号"等变量，克隆时按顺序设定编号和随机选择造型<br>★克隆体被单击时，判断连续单击的克隆体编号是否不同及造型是否相同<br>★删除克隆体 | 事件 当▶被单击；当角色被单击<br>数据 新建变量；设定变量值为<br>运算 移动 x,y 坐标<br>控制 克隆 |
| | 按钮 | ★程序开始时，广播消息，切换背景 | 事件 当角色被单击；广播<br>外观 切换造型，显示/隐藏<br>运算 大于 |

## 做一做

### ▶▶▶ 1. 准备场景和角色

制作游戏，首先要准备好背景和相应的角色。该游戏中的角色不多，最重要的角色就是"图案"，包括 5 个大小相同、图案不同的造型。

**01 设置背景**　删除默认背景，导入图片"封面.png""游戏背景.png"作为舞台的 2 个背景，并将文件保存为"动物连连看.sb2"。

**02 添加"图案"**　导入外部图片作为其他造型，图片与造型对应关系如图 5-36 所示。

图 5-36　创建"图案"角色

**03 添加其他角色**　导入图片"Play.png"作为"按钮"角色，分别在造型编辑区输入 You Win! 和 Game Over!，并分别命名为"成功"和"失败"，完成后角色区的效果如图 5-37 所示。

图 5-37　角色区效果

## 2. 编写脚本

本游戏中的角色不多，主要是"图案"角色和按钮角色，而"成功""失败"主要起反馈作用。根据规划的脚本，先分别设置"按钮"和"图案"角色。

**01 规划图案位置** 先确定第 1 个图案的位置坐标，再自左向右、自上而下克隆其他图案，36 个坐标位置规划如图 5-38 所示。

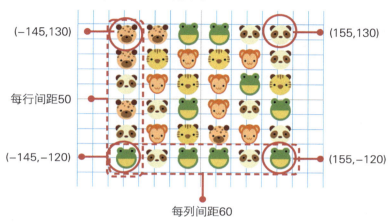

图 5-38 规划图案位置

> **提个醒**
>
> 运用坐标定位，能更精准设置克隆后的角色位置，使画面美观整洁。需要注意的是中心点的坐标是 (0,0)，整个画面的长为 480、宽为 360。

**02 生成图案分析** 当接收到"开始"的消息时，初始化位置，并按克隆自己 36 次，生成图案集，脚本分析如图 5-39 所示。

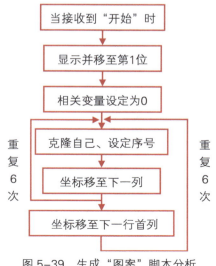

图 5-39 生成"图案"脚本分析

**03 新建变量** 为区分每一个克隆的编号和造型，需要新建多个变量，选择"图案"角色，分别新建 4 个全局变量和 2 个局部变量，新建后的效果如图 5-40 所示。

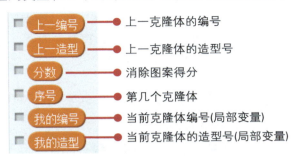

图 5-40 游戏变量

**04 设置图案生成脚本** 根据脚本分析，"图案"接收到"开始"的广播消息后，即开始克隆自己，选择"图案"，添加如图 5-41 所示的脚本。

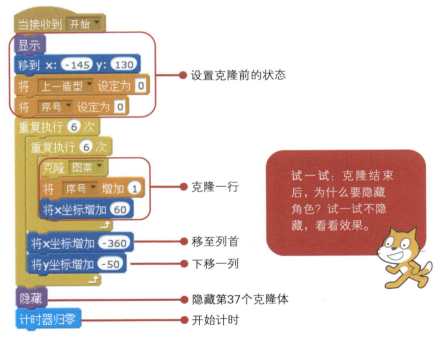

图 5-41 设置生成脚本

试一试：克隆结束后，为什么要隐藏角色？试一试不隐藏，看看效果。

**05 设置克隆体编号脚本** 当克隆开始后，为每一个新生的克隆体设定编号和造型，添加图 5-42 所示的脚本。

图 5-42 设置克隆体编号和造型

**06 分析单击脚本** 当鼠标连续单击"图案"角色时,判断当前角色和上一个被单击角色的造型是否相同,是否同一编号,决定是否消除克隆体,脚本分析如图 5-43 所示。

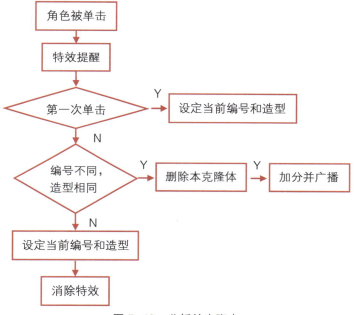

图 5-43 分析单击脚本

**07 设置单击脚本** 当造型相同、编号不同的克隆体被单击时,要先删除本克隆体获得并通知另一个被单击的克隆体也删除,添加如图 5-44 所示的脚本。

游戏中图案造型随机出现,所以不一定所有的克隆体都能成功配对。想一想游戏最大配对数是多少?为什么成功一次得 7 分?

**08 设置清除脚本** 为实现同时清除 2 个克隆体,当前克隆体删除后,还要广播通知配对成功的克隆体也进行清除,添加如图 5-45 所示的脚本。

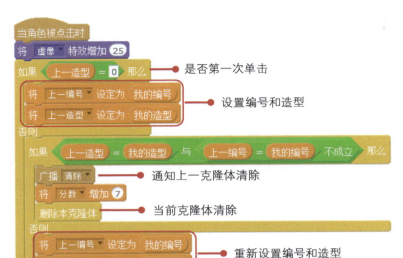

图 5-44 设置单击脚本

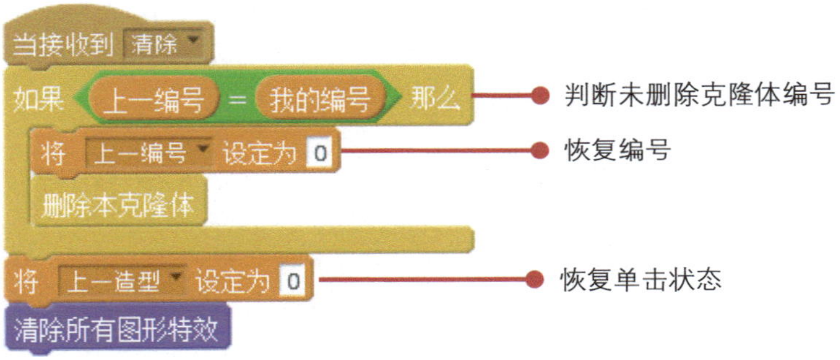

图 5-45 设置清除脚本

**09** **设置判断输赢脚本** 当游戏时间达到 30 秒，游戏失败；当累计分值达到 100，游戏成功，添加如图 5-46 所示的脚本。

**10** **设置其他角色脚本** "Play"按钮、"成功"和"失败"角色的主要作用是通知、显示和隐藏，分别选择各角色，添加如图 5-47 所示的脚本。

**11** **保存文件** 运行、测试程序，以"动物连连看(终).sb2"为名保存文件。

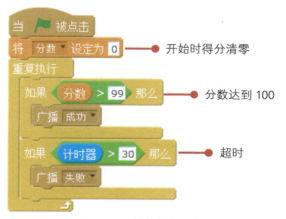

图 5-46 判断输赢脚本

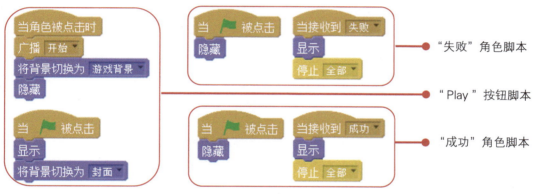

图 5-47 其他角色脚本

## 读一读

### 1. 克隆

当游戏运行中需要动态复制同一个角色的多个实例时,就可以通过角色克隆自己来实现,如"动物连连看"就是通过克隆生成 36 个规则摆放的克隆体。Scratch 中,与"克隆"有关的积木有 3 个,如图 5-48 所示。需要注意的是,删除克隆体后,克隆体的所有动作全部结束,所以"删除本克隆体"积木后面不能再搭建其他积木。

图 5-48 克隆相关积木

## 2. 克隆动画

通过克隆角色，并修改属性，同时加上一定的延时，即可生成有趣的动画。例如克隆"小猫"角色，可以动态生成许多"小猫"，形成动画，脚本及效果如图5-49所示。

运行效果　　　　脚本

图 5-49　克隆动画

# 练一练

### 1. 改一改

本案例游戏中，"图案"角色一共有5个造型，请添加新造型（提示：第6个造型图案为6.png），并修改相关参数，参考脚本如图5-50所示。

### 2. 试一试

为增加游戏趣味性和挑战性，可以通过克隆生成更多的克隆体，请在添加造型的基本上继续增加克隆体的数量，参考脚本如图5-51所示（提示：游戏时间和消除得分也要相应修改）。

图 5-50　增加角色造型

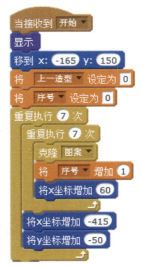

图 5-51　生成更多的克隆体

# 第6章 射击游戏

射击游戏具有挑战性与趣味性。在游戏的过程中,玩家需要在游戏规定的时间内使用鼠标或者键盘完成射击动作,并根据射击位置获得相应的分数奖励,在玩的过程中注意力高度集中,完成挑战,收获成功。所以射击类游戏成为游戏中的一个重点项目,受到游戏玩家的喜爱。

本章围绕射击游戏主题,设计了"小小神枪手""打砖块""星球大战"3个游戏,涵盖了"广播""克隆""变量"等 Scratch 程序编写与控制方法。通过游戏的制作,了解射击类游戏的编写方法与思想。

学习内容

 案例1 小小神枪手

 案例2 打砖块

 案例3 星球大战

**Scratch 游戏编程趣味课堂**

## 案例 1　小小神枪手

扫一扫，看视频

"小小神枪手"游戏是一个简单的射击游戏。玩家需要在规定的时间内通过瞄准器单击靶心，并根据单击的位置获得相应的得分，依据所得总分的高低，获得不同的称号。游戏界面如图 6-1 所示。

图 6-1　游戏"小小神枪手"效果图

### 玩一玩

与小伙伴一起玩一玩，并说一说自己的新发现

- 场景：_____
- 角色：_____
- 规则：_____

### 想一想

**1. 情节规划**

"小小神枪手"游戏包括开始、游戏和颁奖 3 个场景，游戏场景中包含射击和计分 2 个区域。游戏的场景和角色如图 6-2 所示。游戏设计的基本思路是通过检测弹孔与靶心上颜色的碰撞来获得射击分数，再通过 10 次射击分数的累加给玩家授予不同称号。

# 第 6 章 射击游戏

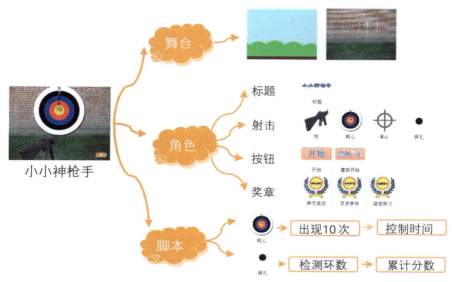

图 6-2 "小小神枪手"游戏分析

## 2. 脚本规划

为了实现"小小神枪手"游戏的功能,需要对场景、每个角色进行细致的规划分析,重点的脚本分析说明如表 6-1 所示。

表 6-1 脚本规划

| 舞台 | 角色 | 动画情景 | Scratch 积木 |
|---|---|---|---|
| 开始背景 | 标题、枪、靶心、开始 | ★程序开始时,3 个图片由小变大逐渐出现<br>★单击"开始"按钮,广播"开始游戏",为切换到射击场景做准备 | 事件 当▶被单击;当角色被单击;广播<br>外观 增加角色大小<br>控制 重复执行;等待<br>运动 设定 x,y 坐标 |
| 游戏背景 | 枪、靶心、准心、弹孔 | ★靶心重复 10 次,滑动到舞台中间停留 3 秒等待射击,发出广播"停止游戏"<br>★当单击准心时,切换造型产生射击效果,发出广播"射击"<br>★检测弹孔碰到的颜色向变量"得分"中累计加分 | 事件 当接收到广播;广播<br>外观 显示;隐藏<br>控制 如果……那么……<br>运算 不成立;与<br>侦测 碰到颜色……<br>数据 将……增加…… |
| 游戏背景 | 弹无虚发、百步穿杨、继续努力、重新开始 | ★通过判断变量得分,根据不同分数出现不同奖章<br>★单击"重新开始"按钮,广播"重新开始",为切换到开始场景做准备 | 事件 当接收到广播<br>运动 设定 x,y 坐标<br>外观 设定角色大小<br>控制 如果……那么……<br>运算 >;=;……或…… |

125

## 做一做

### 1. 准备场景和角色

制作游戏,首先要准备好背景和相应的角色。该游戏中的角色包括标题、枪、靶心、准心、弹孔、3个奖章、2个按钮,以及开始背景和游戏背景。

01 **设置背景** 新建项目,从背景库中添加"bluesky2"和"brick wall2"图片,将"bluesky2"命名为"开始",将"brick wall2"命名为"游戏"。

02 **添加"弹孔"角色** 按图6-3所示操作,在"绘制新角色"窗口中,绘制弹孔角色。

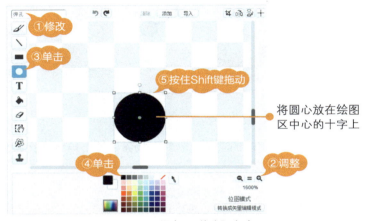

图6-3 添加"弹孔"角色

03 **添加"准心"角色** 导入外部图片"准心1.png",创建"准心"角色,再将外部图片"准心2.png"添加在造型2中。

04 **添加其他角色** 添加其他角色,调整角色的位置和大小,舞台效果如图6-4所示。

图6-4 添加其他角色

### 2. 编写脚本

按照游戏的运行过程可以分为3个场景,第1个是初始化游戏场景,第2个是射击计分场景，第 3 个是奖励及重玩场景。根据规划的脚本，分别设置这 3 个场景的脚本。

## 编写开始场景脚本

开始阶段的脚本主要用来对程序中的背景、角色和变量进行初始化，通过"开始"按钮发出开始游戏的广播。

**01 新建"得分"变量** 在"数据"模块下，新建变量"得分"，用来累加射击分数，放置在舞台右下角。

**02 设置出场动画效果** 设置"枪""靶心""标题""开始"4 个角色的出场动画效果，"标题"角色脚本参考如图 6-5 所示。

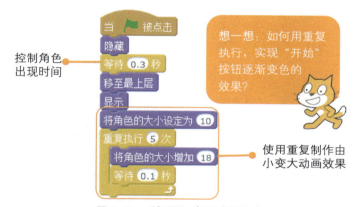

图 6-5 "标题"出场动画脚本

**03 设置游戏初始化** 为"背景""开始"按钮与其他角色编写如图 6-6 所示的脚本，设置游戏初始化。

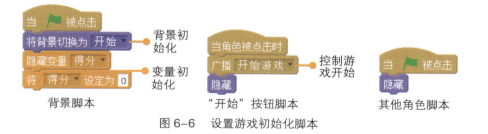

图 6-6 设置游戏初始化脚本

## 编写射击场景脚本

射击计分由"靶心"角色控制，一共有 10 次射击机会，检测"弹孔"角色的颜色碰撞情况，判断相应得分。

**01 控制游戏时间** 为"靶心"编写如图 6-7 所示的脚本，控制靶心从舞台左侧出现滑动到舞台中心，停留 3 秒钟后等待射击，射击完成后再滑动到舞台右侧消失。

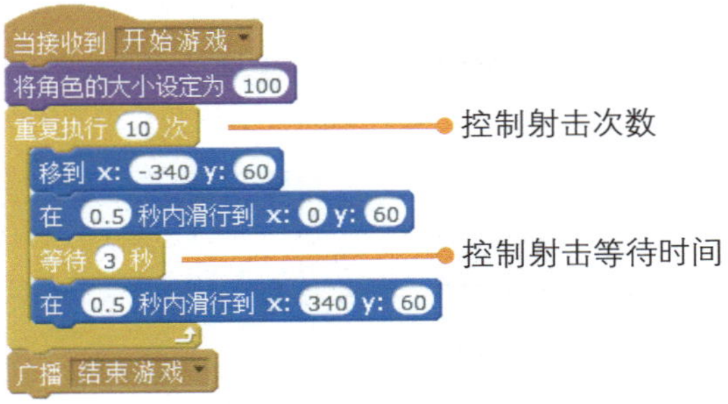

图 6-7 "靶心"脚本

**02 编写射击脚本** 编写"准心"脚本，如图 6-8 所示，设置鼠标单击射击时的动画效果与广播通知。

图 6-8 "准心"脚本

**03 编写计分脚本** 编写如图 6-9 所示的脚本，当"弹孔"接收到"射击"广播后，跟随鼠标落下，弹孔碰到靶心上的不同颜色，获得不同分数。

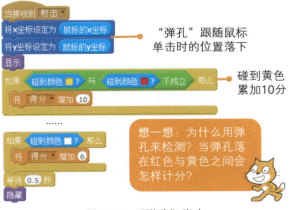

想一想：为什么用弹孔来检测？当弹孔落在红色与黄色之间会怎样计分？

图 6-9 "弹孔"脚本

弹孔面积小，检测颜色时更为精确。检测条件设置为"只碰到黄色且不碰到红色"，当弹孔落在红黄 2 个靶环之间时，只以红色计分，避免了两个靶环同时计分的问题。

### 编写奖励场景脚本

10 次射击结束后，游戏根据玩家所得的总分奖励不同的称号奖章，使玩家在游戏过程中体验到成功的快乐。

**01 编写奖章脚本** 为"弹无虚发""百步穿杨""继续努力"3 个角色添加脚本，如图 6-10 所示，当得分低于 60 分时，授予"继续努力"奖章。

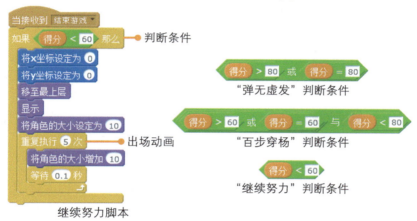

图 6-10 奖章脚本

**02 编写重玩按钮脚本** 编写脚本，实现单击"重新开始"按钮时，发出"重新开始"广播，并隐藏效果。

**03 编写游戏重设脚本** 为背景和所有角色编写"当接收到开始游戏"时的脚本，脚本内容与游戏开始初始化内容大致相同。

**04 保存文件** 运行、测试程序，以"小小神枪手（终）.sb2"为名保存文件。

### 1. 游戏初始化设置

游戏的初始化在游戏的编写过程中是非常重要的。在游戏开始运行前，通过初始化角色的位置和大小等状态，变量清零、选择背景、计时器清零等操作，清空上一次游戏结束后留下的痕迹，使新游戏能够正常运行。

例如，在本案例中，每次射击都会在变量"得分"中累加数值，10 次射击结束后，当检测到变量"得分"大于一定数值时，就会出现奖励场景，这时会在变量"得分"中留下数值，当单击"重新开始"按钮进入下一次游戏时，需要对变量进行清零操作，否则程序就会产生误判，再次出现奖励场景，导致游戏不能正常运行。

### 2. 停止积木

停止积木一共有 3 种方式，用于控制角色脚本的运行与停止。

- **停止全部** 让所有舞台和角色上的所有脚本都停止，相当于●按钮。
- **停止当前脚本** 若一个角色上有 3 段脚本，则只停止该角色上当前的这一段脚本，其他脚本继续运行。
- **停止角色其他脚本** 该角色上的当前脚本继续运行，其他脚本停止，功能与"停止当前脚本"相反。

## 练一练

### 1. 改一改

想一想，本案例游戏中，在射击场景中，如果希望每射击 1 次，枪就出现"抬起落下"的动画效果，用来增强游戏的真实感，应该怎样结合广播来实现这个效果。

### 2. 试一试

尝试修改案例中"靶心"角色停留在舞台上的时间，减少等待射击的时间，提高游戏的难度。

扫一扫，看视频

## 案例 2　打砖块

"打砖块"游戏是非常经典的一类射击游戏。玩家需要在规定的时间内移动挡板来接住并弹击小球，小球撞击砖块，根据击碎砖块的数量，来判断游戏是否成功，游戏界面如图 6-11 所示。

图 6-11　游戏"打砖块"效果图

第6章 射击游戏

与小伙伴一起玩一玩，并说一说自己的新发现
- 场景：_____
- 角色：_____
- 规则：_____

### 1. 情节规划

"打砖块"游戏包括开始、游戏与结束 3 个场景，游戏场景中包含砖块区域、小球和挡板。游戏的场景和角色如图 6-12 所示。游戏设计的基本思路是小球在舞台上任意移动，通过鼠标的移动带动小虫手中的绿色挡板，来接住并弹击小球，通过砖块与小球的碰撞检测，来获得积分，并判断游戏是否成功。

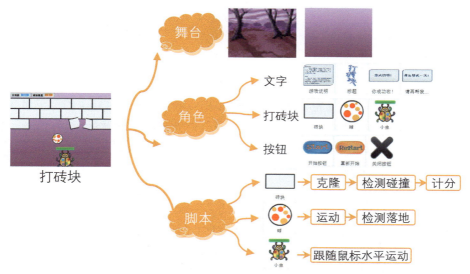

图 6-12 "打砖块"游戏分析

## 2. 脚本规划

为了实现"打砖块"游戏的功能，本游戏中的砖墙需要通过克隆功能来实现，通过对计时器和变量的条件检测，来判断游戏的成功与失败。需要对场景、每个角色进行细致的规划分析，重点的脚本分析说明如表 6-2 所示。

表 6-2 脚本规划

| 舞台 | 角色 | 动画情景 | Scratch 积木 |
| --- | --- | --- | --- |
| 游戏背景 | | ★单击"游戏说明"打开文字，单击"关闭"按钮关闭文字<br>★单击"Start"按钮，打开广播"游戏开始" | 事件 当▶被单击<br>外观 将特效增加<br>控制 重复执行……次<br>运动 移动 x,y 坐标<br>数据 将……设定为……<br>侦测 计时器归零 |
| 游戏背景 | | ★克隆砖块排列成砖墙，砖块碰到小球消失，"砖块数量"加 1<br>★小虫随鼠标在舞台底部横向移动<br>★小球碰到小虫向上运动，碰到砖块向下运动，碰到深红色广播"游戏失败"<br>★根据时间与变量"砖块数量"值，判定胜负文字提示<br>★单击"Restart"按钮，广播"游戏开始" | 事件 当接收到广播；广播<br>运动 设定 x,y 坐标<br>侦测 鼠标的 x,y 坐标；碰到颜色……<br>外观 显示；隐藏<br>控制 如果……那么……<br>运算 >；=；……与……<br>数据 将……增加…… |

# 做一做

## 1. 准备场景和角色

制作"打砖块"游戏，首先要准备好背景和相应的角色。该游戏中的角色包括标题、小虫、球、砖块、3 个提示文字、2 个按钮以及开始背景和游戏背景。

01 **新建项目** 新建 Scratch 项目，将文件保存为"打砖块.sb2"。

02 **添加背景** 从背景库中添加图片"woods"，命名为"开始背景"，单击"绘制新背景"按钮，选择为形状填色工具，绘制顶部浅红色过渡到底部深红色的渐变色背景，命名为"游戏背景"。

03 **绘制"砖块"角色** 在"绘制新角色"窗口中，使用矩形工具绘制一个长方形，作为造型 1"完整砖块"，再按图 6-13 所示操作，绘制造型 2"破碎砖块"。

04 **添加其他角色** 导入外部图片调整图片的位置和大小，舞台效果如图 6-14 所示。

第 6 章 射击游戏

图 6-13 绘制"砖块"角色

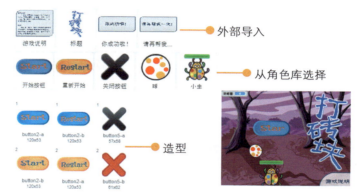

图 6-14 添加其他角色

### 2. 编写脚本

按照游戏运行过程，本游戏程序可以分为 3 个场景，第 1 个是开始初始化游戏场景，第 2 个是铺设转墙场景，第 3 个是弹射计分场景。根据规划的脚本，分别设置这 3 个场景的脚本。

#### 编写开始场景脚本

开始阶段的脚本主要用来对程序中的背景、角色和变量进行初始化，通过"开始"按钮发出开始游戏的广播。

**01** 新建"砖块数量"变量　在"数据"模块中，新建变量"砖块"，用来累加小球击碎砖块的数量，放置在舞台左上角。

**02** 设置"计时器"　在"侦测"模块中，选中计时器，将计时器显示在舞台上。

**03** 设置"游戏说明"阅读动画　按如图 6-15 所示，编写"游戏说明"和"关闭按钮" 2 个角色的脚本，实现通过广播打开和关闭"游戏说明"文字提示的效果。

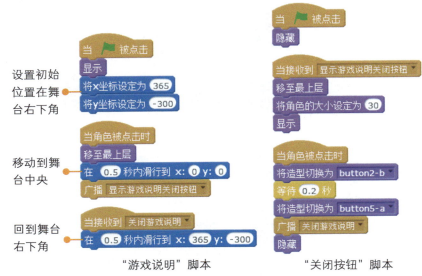

图 6-15　设置"游戏说明"阅读动画

**04 设置游戏初始化**　为"背景""开始按钮"与其他角色编写如图 6-16 所示的脚本，设置游戏初始化。

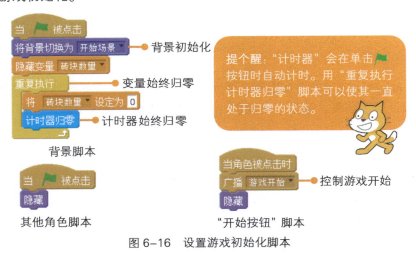

图 6-16　设置游戏初始化脚本

### 编写铺设砖墙脚本

"砖墙"的铺设是这个游戏中最为重要的部分，需要通过"克隆"来实现。

**01 分析砖墙生成**　砖墙由 3 行"砖块"角色的克隆体组成，在宽为 480、高为 360 的舞台上，为了实现错缝效果，"砖块"克隆体中心点坐标如图 6-17 所示。

第 6 章 射击游戏

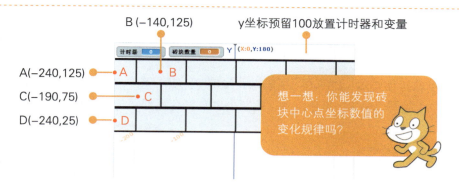

图 6-17 分析砖墙生成

> **提个醒**
>
> 砖块的大小是 100×50，砖块的位置以砖块的中心点确定。所以砖块横向排列时，只要将 x 坐标依次增加 100；纵向排列时确认好 x 坐标后，y 坐标依次减少 50 即可。

**02 编写铺设砖墙脚本** 编写如图 6-18 所示的"砖墙"脚本，将"砖块"经过克隆生成砖墙效果。编写"计分"脚本，使克隆后的砖块碰到小球后破碎消失，并向"砖块数量"变量中累计击碎砖块的数量。

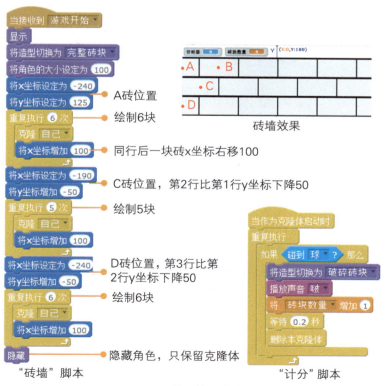

图 6-18 编写铺设砖墙脚本

135

### 编写弹球积分场景

小球碰到绿色挡板后会反弹，碰到砖块后，砖块被击碎累计得分，在 30 秒内射击完所有砖块即可获胜。

**01 编写小球运动脚本** 如图 6-19 所示，编写"小球"角色脚本，控制小球按一定方向运动，编写"小虫"角色脚本，控制小虫在舞台底部跟随鼠标横向移动接弹小球。

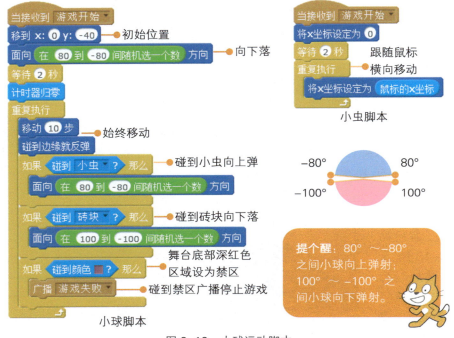

图 6-19 小球运动脚本

**02 编写判定胜负脚本** 如图 6-20 所示，编写脚本，实现效果："30 秒内击碎所有砖块"判定成功，出现成功提示文字；"超过 30 秒"判定失败，出现失败提示文字。

**03 编写重玩按钮脚本** 编写脚本，实现单击"Restart"按钮时，发出"游戏开始"广播，并隐藏。

**04 编写游戏重设脚本** 为背景和所有角色编写"当接收到开始游戏"时的脚本，脚本内容与游戏开始初始化内容大致相同。

**05 测试保存游戏** 运行、测试程序，以"打砖块(终).sb2"为名保存文件。

第6章 射击游戏

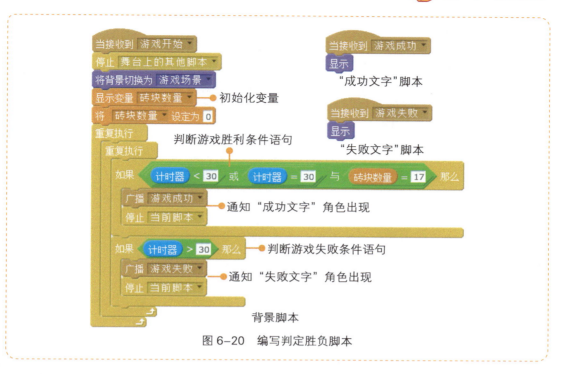

图6-20 编写判定胜负脚本

## 1. 角色的中心点与舞台定位

角色的中心点决定了角色在舞台上的 x 坐标与 y 坐标。如该游戏中砖块的位置就是通过中心点计算出来的。如图 6-21 所示，3 只相同的小猫，坐标都为 (0,0)，但其中心点不同，小猫在舞台上的位置也不同。因此，当需要精确计算角色坐标时，一定要先在角色的造型中确认好中心点的位置。

图6-21 中心点与舞台定位

### 2. 游戏说明的制作

在游戏中编写"游戏说明"这类的文字提示，可以帮助玩家轻松快速地了解游戏方法和游戏规则，也可以为游戏创设一定的游玩故事情节，起到增添游戏趣味的作用。

游戏说明一般放置在游戏的封面位置，玩家可以选择单击打开，阅读之后要能够关闭。游戏说明作为游戏的辅助内容，不能够干扰游戏的正常运行，因此大部分场景中应该将其设置为"隐藏"。

### 1. 改一改

想一想，本案例游戏中，能否当单击 ▶ 按钮开始游戏时，出现5排砖墙，增加游戏的趣味性。

### 2. 试一试

能否在游戏中增加第2个小球，并修改脚本，提高游戏的难度。

## 案例3　星球大战

扫一扫，看视频

"星球大战"游戏是非常受欢迎的一类射击游戏。这类游戏中通常有飞机等飞行物随机出现在画面上，需要玩家发射子弹来射击，击中飞机可以得分。这类游戏通常通过飞行物的速度与数量来确定每个关卡的难度，提高玩家游玩时的趣味性。

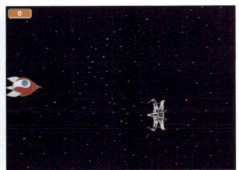

图6-22　游戏"星球大战"效果图

第 6 章 射击游戏

## 玩一玩

与小伙伴一起玩一玩，并说一说自己的新发现
- 场景：＿＿＿＿＿＿＿＿＿＿＿＿＿＿＿＿＿＿＿＿＿＿＿＿＿＿＿＿＿＿
- 角色：＿＿＿＿＿＿＿＿＿＿＿＿＿＿＿＿＿＿＿＿＿＿＿＿＿＿＿＿＿＿
- 规则：＿＿＿＿＿＿＿＿＿＿＿＿＿＿＿＿＿＿＿＿＿＿＿＿＿＿＿＿＿＿

## 想一想

### 1. 情节规划

"星球大战"游戏包括开始、第一关与第二关 3 个场景，游戏场景中包含火箭、子弹和敌机群，游戏的场景和角色如图 6-23 所示。游戏设计的基本思路是敌机群随机出现，鼠标带动火箭运动，按下空格键火箭发射子弹，击中敌机就可以得分。

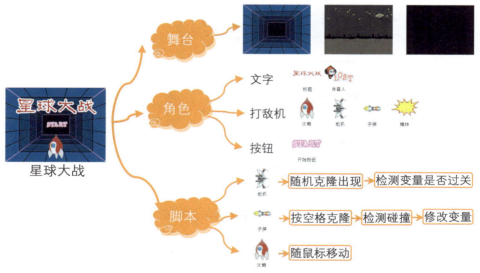

图 6-23 "星球大战"游戏分析

### 2. 脚本规划

游戏一共分为两个关卡，第一个关卡，敌机随机从舞台上方下落，火箭从舞台下方跟随鼠标移动进行射击；第二个关卡，敌机从舞台右侧加快飞入，火箭从舞台左侧

跟随鼠标进行射击。连续通过两个关卡，判定游戏胜利。为了实现"射击敌机"的功能，需要对场景、每个角色进行细致的规划分析，重点的脚本分析说明如表 6-3 所示。

表 6-3　脚本规划

| 舞台 | 角色 | 动画情景 | Scratch 积木 |
|---|---|---|---|
| 开始背景 | 标题　开始按钮　火箭 | ★单击"START"按钮，打开广播"第一关开始" | 事件　当▶被单击；当按下……<br>数据　将变量设定为 |
| 第一关背景 | 敌机　子弹　爆炸<br>火箭　外星人 | ★每隔 2 或者 3 秒，敌机从舞台上方随机落下，打中 10 架，第一关胜利<br>★按空格键发射子弹，碰到敌机累加变量<br>★爆炸效果在敌机碰到子弹或舞台底部出现<br>★火箭随鼠标在舞台下面横向移动<br>★在敌机碰到子弹或舞台边缘时，出现外星人失败造型 | 事件　当接收到广播；广播<br>运动　面向<br>外观　显示；隐藏<br>控制　克隆；当作为克隆体启动时<br>运算　>；=；……与……<br>侦测　碰到<br>数据　将变量设定为　将变量增加 |
| 第二关背景 | 敌机　子弹　爆炸<br>火箭　外星人 | ★每隔 1 或者 2 秒，敌机从舞台右方随机向左飞行，打中 15 架，第二关胜利。<br>★火箭随鼠标在舞台左边纵向移动<br>★游戏胜利时出现外星人胜利造型<br>★其他与第一关相同 | 事件　当接收到广播；广播<br>运动　面向<br>外观　显示；隐藏<br>控制　当作为克隆体启动时<br>运算　>；=；……与……<br>侦测　碰到<br>数据　将变量设定为 |

## 做一做

### 1. 准备场景和角色

制作"星球大战"游戏，首先要准备好背景和相应的角色。该游戏中的角色包括标题、敌机、火箭、子弹、爆炸、外星人、开始按钮以及开始背景和游戏背景。

01　**新建项目**　新建 Scratch 项目，将文件保存为"星球大战 .sb2"。

02　**添加背景**　添加 3 个背景，分别命名为开始背景、第一关背景、第二关背景，效果如图 6-24 所示。

03　**添加角色及造型**　根据规划添加 7 个角色，分别为标题、开始按钮、火箭、外星人、敌机、子弹、爆炸，各角色及造型如图 6-25 所示。

第6章　射击游戏

图 6-24　背景效果

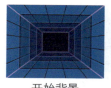

图 6-25　角色及造型

### 2. 编写脚本

本游戏的关键点是实现敌机随机出现，按空格键发射子弹，当子弹碰到敌机时，产生爆炸效果。

#### 编写开始场景脚本

开始阶段的脚本主要用来对程序中的背景、角色和变量进行初始化，通过"开始按钮"发出开始游戏的广播。

**01 算法分析**　游戏启动后，在固定位置显示标题、开始按钮和火箭；当开始按钮被单击时，广播"第一关开始"，隐藏按钮。

**02 编写初始化脚本**　根据分析，为背景和开始按钮角色添加脚本，参考脚本如图 6-26 所示。

图 6-26　初始化脚本

#### 设置敌机角色脚本

敌机会在舞台上随机出现，被子弹射中时发生爆炸并得分，撞击到火箭或者边缘游戏终止。

**01 算法分析**　当 🚩 被单击后，角色隐藏。当接收到不同关卡消息后，敌机克隆体在舞台上随机出现，依据变量"打中数量"，判定本关卡游戏胜负。

**02 编写第一关脚本**　敌机每隔 2 到 3 秒从舞台上面随机落下，被子弹击落 10 架后，判定第一关胜利，进入第二关，参考脚本如图 6-27 所示。

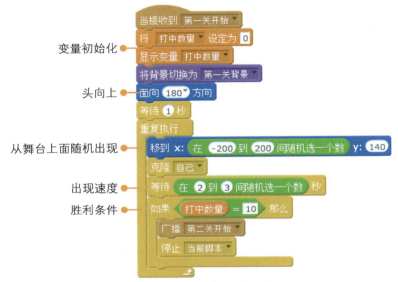

图 6-27　敌机第一关脚本

**03 编写第二关脚本**　敌机每隔 1 到 2 秒从舞台右侧随机飞入，被子弹击落 15 架后，判定第二关胜利。脚本与第一关基本相同，参考脚本如图 6-28 所示。

图 6-28　敌机第二关部分脚本

**04 编写克隆体脚本**　敌机克隆体撞到子弹就消失，撞到火箭或者舞台边缘就判定游戏失败，参考脚本如图 6-29 所示。

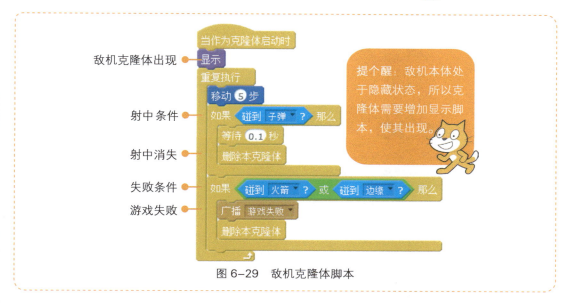

图 6-29 敌机克隆体脚本

### 设置火箭角色脚本

火箭在第一关随鼠标在舞台底部横向移动,第二关随鼠标在舞台左侧纵向移动。

**01 算法分析** 当接收到"第一关开始"消息后,在舞台底部面朝上方,随鼠标横向移动;当接收到"第二关开始"消息后,在舞台左侧面朝右方,随鼠标横向移动。

**02 编写火箭角色脚本** 根据分析,为火箭角色添加脚本,参考脚本如图 6-30 所示。

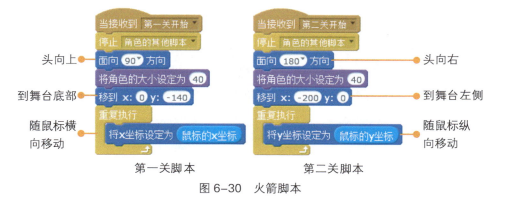

图 6-30 火箭脚本

### 设置子弹角色脚本

当按下空格键,会从火箭位置发射出子弹,击中敌机爆炸并得分。

**01 算法分析** 当 ▶ 被单击后,角色隐藏。收到关卡广播调整方向,按下空格键时,克隆体从火箭位置发射,碰到敌机时爆炸加分,并将当前位置坐标传输给变量"爆炸 x 坐标"与"爆炸 y 坐标"。

**02 编写子弹角色脚本** 根据分析，为子弹角色添加脚本，参考脚本如图 6-31 所示。

**提个醒**：移到 子弹 只能传递角色本体坐标，克隆体的坐标位置需要通过变量来传输。

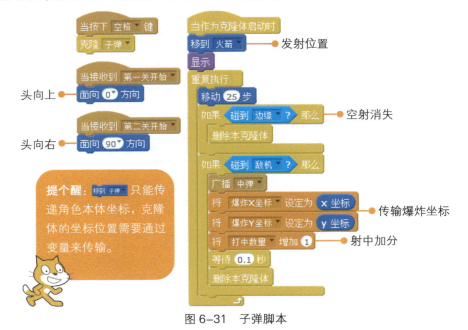

图 6-31　子弹脚本

## 设置爆炸角色脚本

当敌机碰撞到子弹、火箭、舞台边缘，都会产生爆炸效果，爆炸出现在发生碰撞的位置。

**01 算法分析** 当🏴被单击后，角色隐藏。当接收到“中弹”消息后，出现在敌机与子弹的碰撞处，接收到“中弹”消息后，出现在敌机与火箭、舞台边缘的碰撞处。

**02 编写爆炸角色脚本** 根据分析，为爆炸角色添加脚本，参考脚本如图 6-32 所示。

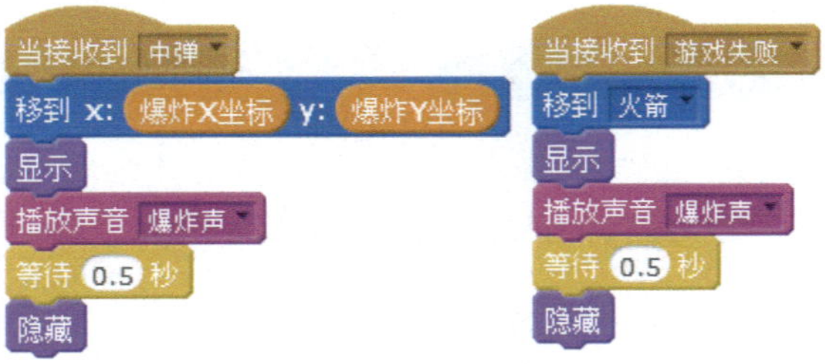

图 6-32　爆炸脚本

### 设置外星人脚本

外星人是这个游戏的裁判,他会根据射击结果,判断游戏胜负。

**01 算法分析** 当 ▶ 被单击后,角色隐藏。当接收到"游戏失败"消息后,出现失败造型,结束游戏;当接收到"游戏胜利"消息后,出现胜利造型,结束游戏。

**02 编写外星人角色脚本** 根据分析,为外星人添加脚本,参考脚本如图6-33所示。

图6-33 外星人脚本

**03 测试保存游戏** 运行、测试程序,以"星球大战(终).sb2"为名保存文件。

## 读一读

### 1. 角色的方向

如图6-34所示,角色由于自身造型的不同,在使用  积木后,角色的方向常常会与我们预想的不同。比如使用在 面向 0° 方向 后,小虫头向上方,螃蟹头向左边。要想分辨清楚角色的方向,有两种方法。

- **方法一** 将螃蟹的右侧钳子看作旋转点,当 面向 0° 方向 后,钳子会转向上方。
- **方法二** 在造型中将螃蟹旋转成面向右侧,这样螃蟹旋转后的效果就会和小虫相同。

方法一:将右侧钳子看作旋转点

方法二:将螃蟹头部转向右侧

图6-34 角色的方向

### 2. 游戏中的关卡

一个完整的游戏通常会有多个小关卡构成,关卡之间的任务大致相似,但是难度会逐渐提高，玩家每完成一个关卡就会得到相应的奖励，鼓励玩家向更难的关卡发起挑战。而更为成熟的游戏，会在玩家失败时，请玩家从当前关卡开始，而不用重新再玩。这样的游戏设计是从玩家的游戏心理出发，使玩家在玩游戏的过程中，减少重复枯燥的感觉，获得成功和喜悦的感受。

## 练一练

### 1. 改一改

尝试为游戏的第二关添加一个按钮，使得当第二关失败时，玩家可以单击按钮直接从第二关开始游戏，而不必从第一关重新开始，提高游戏的可玩性。

### 2. 试一试

为游戏增加第三关，通过修改"敌机"出现的速度，或者修改"打中数量"的数值来提高游戏难度。

# 第 7 章　竞技游戏

竞技游戏深受小朋友们的喜欢，游戏中玩家可以完成不同难度的挑战，在竞技的过程中，不断思考采取何种策略来完成游戏，促进智力的开发。常见的竞技游戏有"星际争霸""QQ炫舞""坦克世界"等。

本章围绕竞技游戏主题，设计了常见的"水果切切乐""愤怒的小鸟""飞天企鹅冲关记"3个游戏。3个游戏的设计各有自己的特点，将复制角色、倒计时、抛物线轨迹的画法及实现背景的移动等制作技巧融入其中。

 案例 1　水果切切乐

 案例 2　愤怒的小鸟

案例 3　飞天企鹅冲关记

# 案例 1　水果切切乐

扫一扫，看视频

"水果切切乐"游戏可以视为一个简单的竞技游戏。在规定时间内，玩家通过操控鼠标来"切掉"随机出现的水果，累计得分，不过要小心，切"坏的蛋糕"会扣分的哦！游戏界面如图 7-1 所示。

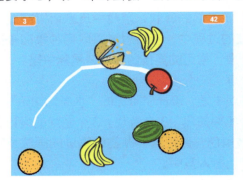 

图 7-1　游戏"水果切切乐"效果图

## 玩一玩

与小伙伴一起玩一玩，并说一说自己的新发现

- 场景：_____
- 角色：_____
- 规则：_____

## 想一想

### 1. 情节规划

"水果切切乐"的游戏界面包括游戏背景图、开始按钮、刀锋、4 种水果角色和 1 个"坏的蛋糕"角色。游戏的场景和角色如图 7-2 所示。游戏设计的基本思路是用克隆技术随机生成一定数量的水果和坏的蛋糕，当水果被"切掉"时加分，坏的蛋糕被"切掉"时减分，60 秒游戏时间。

# 第 7 章 竞技游戏

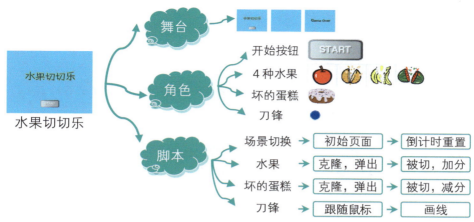

图 7-2 "水果切切乐"游戏分析

## 2. 脚本规划

为了实现"水果切切乐"游戏的功能,需要对场景、每个角色进行细致的规划分析,重点的脚本分析说明如表 7-1 所示。

表 7-1 脚本规划

| 舞台 | 角色 | 动画情景 | Scratch 积木 |
|---|---|---|---|
| 开始背景<br>水果切切乐 | 开始按钮<br>START | ★程序开始时,单击"START"按钮,广播"游戏开始"<br>★游戏开始时,背景为"开始背景",启动倒计时,得分清零 | 事件 当 被单击;当角色被单击;广播<br>数据 新建变量;设定变量值为<br>外观 切换背景 |
| 运行背景<br><br>结束背景<br>Game Over | 4 个水果<br><br>1 个坏的蛋糕 | ★单击 ▶,角色隐藏<br>★当接收到"游戏开始",显示,克隆角色,设置时间间隔<br>★当克隆体启动时,不同位置弹出,判断是否碰到刀锋 | 事件 当 被单击;当接收到消息<br>控制 克隆;当作为克隆体启动时;如果……那么……<br>运动 右转;将 x,y 坐标增加<br>外观 切换造型<br>数据 将变量增加 |
| | 刀锋 | ★单击 ▶,角色隐藏<br>★当接收到"游戏开始",跟随鼠标,由粗到细画线,实现划出刀锋效果 | 事件 当 被单击;当接收到消息<br>画笔 设定颜色;设定粗细;将粗细增加 |

# 做一做

## 1. 设置游戏背景和角色

制作游戏，首先要准备好背景和相应的角色。该游戏中的背景有 3 个造型，角色包括 4 个水果、1 个坏的蛋糕、刀锋以及开始按钮。

**01 新建项目** 新建 Scratch 项目，将文件保存为"水果切切乐 .sb2"。

**02 添加背景** 添加 3 个背景，分别命名为开始背景、结束背景、运行背景，背景造型如图 7-3 所示。

图 7-3 背景造型

**03 添加角色及造型** 根据规划，添加 4 个水果角色，分别为苹果、橙子、香蕉、西瓜，1 个坏的蛋糕、开始按钮以及刀锋，各角色及造型如图 7-4 所示。

图 7-4 角色及造型

## 2. 设置脚本

本游戏的关键点是如何实现各种水果和坏的蛋糕的随机位置、飞出的随机高度，以及如何实现倒计时的功能。

### 设置开始按钮脚本

游戏启动后，单击游戏封面中的开始按钮，进入游戏环节，实现一定的交互效果，使设计的游戏更完整。

**01 算法分析** 当 ▶ 被单击后，游戏封面显示开始按钮，当开始按钮被单击时，广播"游戏开始"，隐藏按钮。

# 第7章 竞技游戏

**02 编写按钮脚本** 根据分析，为开始按钮角色添加如图 7-5 所示的脚本。

图 7-5 编写开始按钮脚本

## 设置背景脚本

在背景中添加脚本，控制变量的显示，实现游戏倒计时 60 秒的功能。

**01 新建变量** 新建两个全局变量：倒计时和得分。

**02 算法分析** 当 ▶ 被单击时，背景切换为"开始背景"并隐藏变量。当接收到"游戏开始"消息后，将背景切换为"运行背景"，显示两个变量，开始倒计时。60 秒后，游戏结束，背景切换为"结束背景"。

**03 编写背景脚本** 根据分析，为背景添加如图 7-6 所示的脚本。

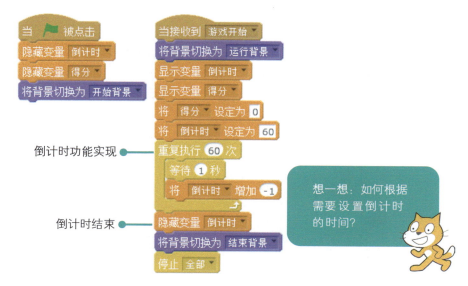

图 7-6 编写背景脚本

想一想：如何根据需要设置倒计时的时间？

## 设置刀锋角色脚本

角色跟随鼠标移动时，划出一道道光芒，形成酷炫的效果，使制作的游戏更吸引人。

**01 分析角色** 当 ▶ 被单击时，隐藏角色。当接收到"游戏开始"消息后，一直跟随鼠标移动，鼠标移动时，用画笔画出由粗到细的一条白线，形成刀锋特效。

**02 编写刀锋角色脚本** 根据分析，为刀锋角色添加如图 7-7 所示的脚本。

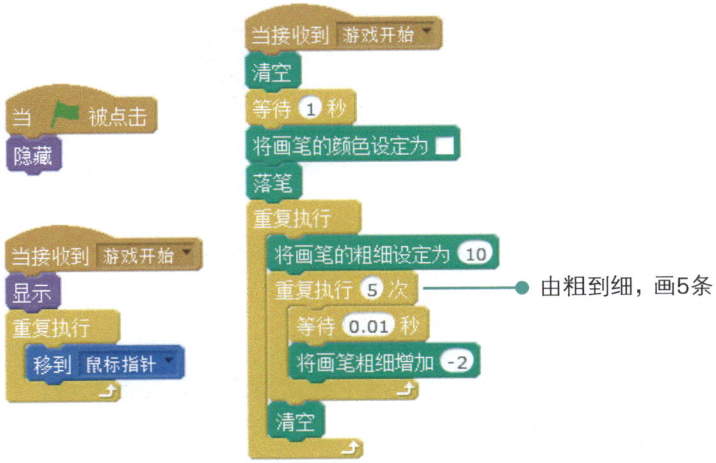

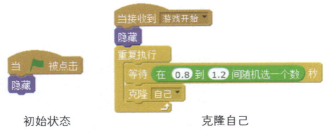

图 7-7　编写刀锋角色脚本

### 设置水果角色脚本

水果角色除了造型不同外，功能相同，主要实现的功能是：一是不定时克隆自己；二是克隆体每次移动的方向和高度不同，并判断是否被切。

**01　克隆角色**　当 ▶ 被单击时，隐藏角色。当接收到"游戏开始"消息后，每次间隔 0.8 到 1.2 秒，克隆自己，脚本如图 7-8 所示。

初始状态　　　　　　克隆自己

图 7-8　克隆角色脚本

**02　克隆体启动时算法分析**　当克隆体启动时，需要处理两个问题：一是实现克隆出的水果弹出时的方向、高度不同；二是当克隆体碰到刀锋被切时如何处理，具体算法分析如图 7-9 所示。

**03　新建变量**　新建 3 个局部变量：Vel_垂直、Vel_水平、Vel_度数，控制水果角色克隆体的运动轨迹。

**04　编写苹果角色脚本**　根据分析，选中"苹果"角色后，添加如图 7-10 所示的脚本。

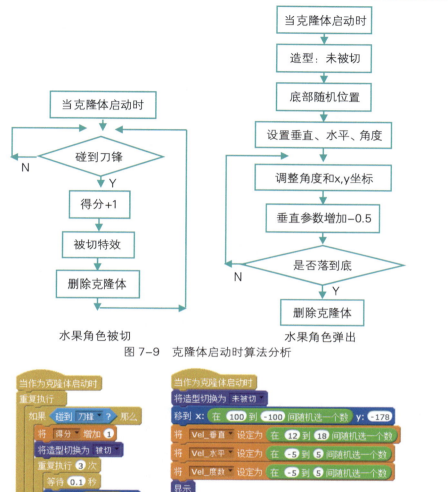

图 7-9 克隆体启动时算法分析

图 7-10 编写"苹果"角色脚本

**05 复制脚本到其他水果角色** 根据分析,另外 3 个水果角色脚本与苹果角色脚本相同,拖动苹果角色脚本到其他 3 个水果角色上,完成其他水果角色脚本的编写。

## 设置坏的蛋糕角色脚本

设置坏的蛋糕角色，可以增加游戏的难度及娱乐性，角色需要处理的问题与水果角色相同。

**01** **分析坏的蛋糕角色** 坏的蛋糕角色所要处理的问题与水果角色相同，区别在于该角色出现的频率要比水果角色低些，被“切掉”要减分。

**02** **编写坏的蛋糕角色脚本** 根据分析，该角色脚本与水果脚本基本相同，局部不同，脚本如图 7–11 所示。

**03** **保存文件** 运行、测试游戏，将文件以“水果切切乐（终）.sb2”为名保存。

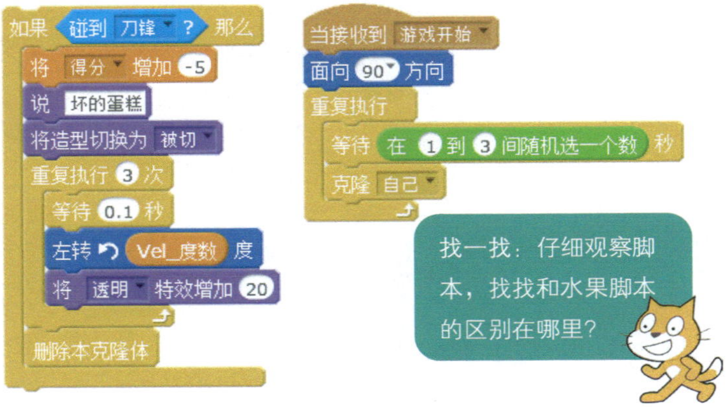


图 7–11　编写坏的蛋糕角色脚本

## 练一练

### 1. 改一改

想一想，本案例游戏中，如果想增加水果被切时的音效，怎样实现？提示：增加声音模块中的“播放声音 zoop”积木。请试着编写脚本实现效果。

### 2. 试一试

案例中游戏时间是固定的，若由玩家设定游戏时间，游戏会变得更有趣。请尝试使用“询问 What's your name? 并等待”积木，让玩家自己设定游戏时间。

## 读一读

### 1. 计时

计时是很多游戏的必备功能，在 Scratch 中实现游戏计时功能，可以使用如图 7–12 所示的方式。

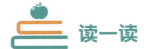

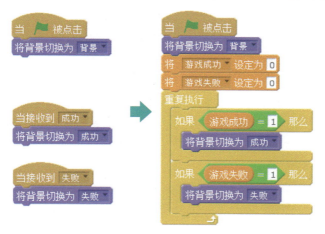

图 7-12　计时 10 秒的两种实现方式

### 2. 用变量替换广播

在 Scratch 中，广播的作用是角色间的消息传递，可以使用变量替换广播事件。如图 7-13 所示，通过检测变量"失败"和"成功"数值的变化达到替换广播事件的功能。

图 7-13　用变量替换广播

## 案例 2　愤怒的小鸟

扫一扫，看视频

"愤怒的小鸟"游戏是经典小游戏。玩家通过鼠标拖动小鸟，调整好方向和力度后，像打弹弓一样把小鸟射向并击打掉肥猪，游戏界面如图 7-14 所示。

图 7-14　游戏"愤怒的小鸟"效果图

 **玩一玩**

与小伙伴一起玩一玩，并说一说自己的新发现

- 场景：_____
- 角色：_____
- 规则：_____

 **想一想**

**1. 情节规划**

"愤怒的小鸟"的游戏界面包括游戏背景图、开始按钮、小鸟、肥猪、弹弓等角色。游戏的场景和角色如图 7-15 所示。

**2. 脚本规划**

为了实现"愤怒的小鸟"游戏的功能，需要对场景、每个角色进行细致的规划分析，重点的脚本分析说明如表 7-2 所示。

# 第 7 章 竞技游戏

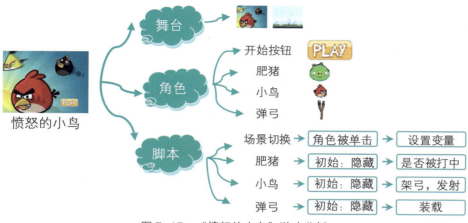

图 7-15 "愤怒的小鸟"游戏分析

表 7-2 脚本规划

| 舞台 | 角色 | 动画情景 | Scratch 积木 |
|---|---|---|---|
| "启动"背景 | 开始按钮 PLAY | ★当▶被单击时，默认为"启动"背景<br>★程序开始时，单击"开始按钮"，广播"关卡1" | 事件 当▶被单击；当角色被单击<br>运动 移动 X,Y 坐标<br>控制 重复执行；如果……那么…… |
| "关卡1"背景 | 小鸟 | ★当▶被单击时，隐藏<br>★当接收到"初始化"，等待鼠标选中；选中后，若松开鼠标，即发射，用画笔画出飞行轨迹。落地后"重新装载" | 事件 接收到广播<br>控制 如果……那么……；重复执行直到<br>外观 切换造型；透明特效<br>运算 算术运算；逻辑运算<br>画笔 亮度和颜色 |
| | 弹弓 | ★当▶被单击时，隐藏<br>★当接收到"关卡1"，固定位置，显示，广播"初始化"<br>★当接收到"重新装载"，广播"初始化" | 事件 接收到广播<br>运动 移动 X,Y 坐标 |
| | 肥猪 | ★当▶被单击时，隐藏<br>★当接收到"关卡1"，固定位置，判断是否碰到小鸟 | 事件 接收到广播<br>运动 移动 X,Y 坐标<br>控制 重复执行；如果……那么…… |

 做一做

### 1. 设置游戏背景和角色

制作游戏，首先要准备好背景和相应的角色。该游戏中有 4 个角色，包括 1 个开

始按钮、1 个肥猪、1 个弹弓、1 个小鸟。

**01 新建项目** 新建项目,将文件保存为"愤怒的小鸟.sb2"。

**02 添加背景** 添加 2 个背景造型,命名为启动、关卡 1,造型如图 7-16 所示。

图 7-16 背景造型

**03 添加角色及造型** 根据规划,分别添加角色开始按钮、肥猪、弹弓、小鸟,各角色及造型如图 7-17 所示。

图 7-17 角色及造型

## 2. 设置脚本

本游戏的关键技术是当小鸟离开弹弓后,如何形成抛物线轨迹移动,这个技术点是该游戏的关键所在。

### 设置开始按钮脚本

游戏启动后,单击游戏封面开始按钮,进入游戏环节,实现一定的交互效果,使设计的游戏更有趣味性。

**01 算法分析** 游戏启动后,在固定位置显示开始按钮,当鼠标经过按钮时,按钮切换造型,形成动态效果;当开始按钮被单击时,广播"关卡 1",隐藏按钮。

**02 编写按钮脚本** 根据分析,为开始按钮角色添加如图 7-18 所示的脚本。

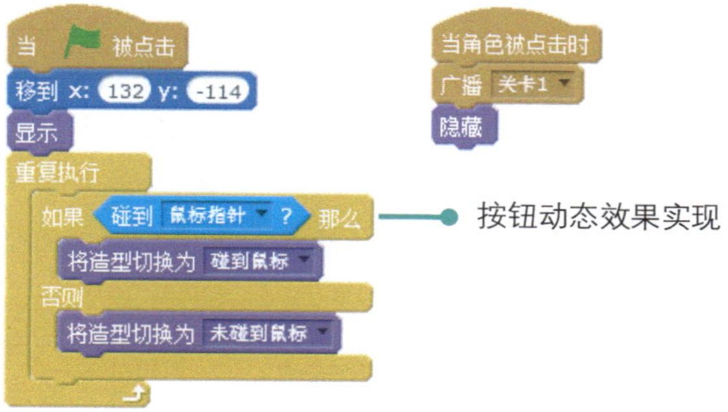

图 7-18 开始按钮脚本

### 设置背景脚本

游戏启动后，背景随着游戏进度调整背景造型，还可以播放游戏背景音乐，增强娱乐性。

**01 算法分析** 游戏启动后，背景造型切换为"启动"，播放"背景音乐 – 愤怒的小鸟 .mp3"，当接收到"关卡1"消息后，背景造型切换为"关卡1"，播放"背景音乐 – 愤怒的小鸟 .mp3"。

**02 编写背景脚本** 根据分析，为背景添加如图 7-19 所示的脚本。

图 7-19 背景脚本

### 设置弹弓角色脚本

当新的关卡开始后，弹弓角色会固定在其位置上，等待发射小鸟。

**01 算法分析** 当 ▶ 被单击时，隐藏角色。当接收到"关卡1"消息时，在固定位置显示角色，广播"初始化"；当接收到"重新装载"消息后，等待后，广播"初始化"。

**02 编写弹弓角色脚本** 根据分析，为弹弓角色添加如图 7-20 所示的脚本。

图 7-20 弹弓角色脚本

### 设置肥猪角色脚本

当关卡开始后，肥猪角色固定在指定位置上，等待被小鸟击打。

01 **算法分析**　当 🏁 被单击时，隐藏角色。当接收到"关卡1"消息时，固定位置，显示角色默认造型，重复判断是否被小鸟击打中，若击中后隐藏。

02 **编写肥猪角色脚本**　根据分析，为肥猪角色添加如图 7-21 所示的脚本。

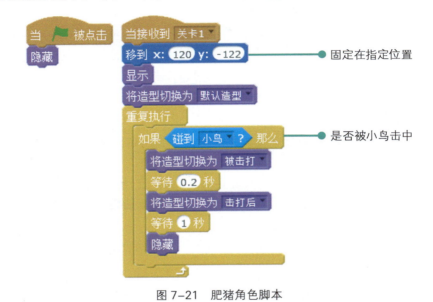

图 7-21　肥猪角色脚本

### 设置小鸟角色脚本

当关卡开始后，小鸟角色依附在弹弓角色上，等待用鼠标拖动小鸟发射出去，击打掉关卡中的肥猪角色。

01 **算法分析**　当 🏁 被单击时，隐藏角色。当接收到"关卡1"消息时，固定位置，显示角色默认造型，重复判断是否击打中肥猪，若击打中显示被击打造型，后隐藏。具体算法如图 7-22 所示。

02 **新建变量**　根据算法分析，需要变量来标记和控制小鸟的飞行，新建的变量如图 7-23 所示。

第 7 章 竞技游戏

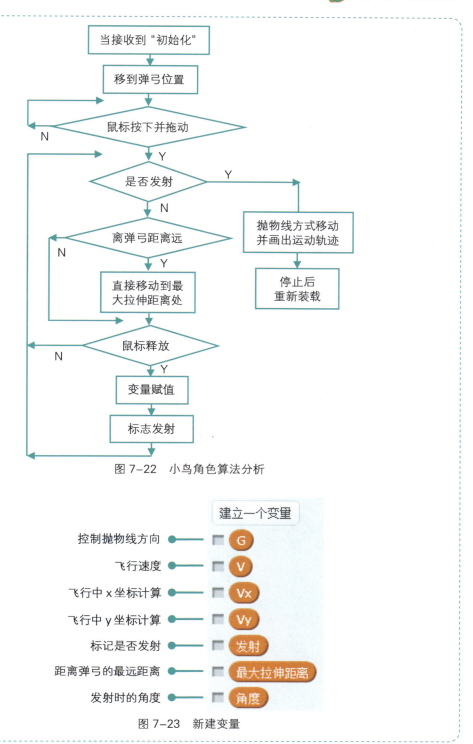

图 7-22 小鸟角色算法分析

图 7-23 新建变量

161

**03 编写等待脚本** 根据分析,为小鸟角色添加如图7-24所示的初始状态和等待脚本。

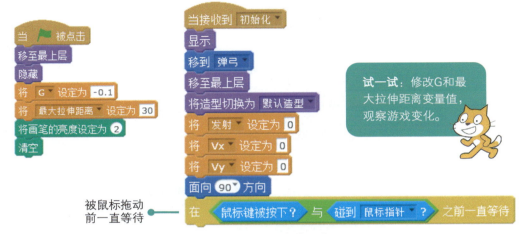

图7-24 小鸟等待脚本

**04 编写发射前脚本** 小鸟角色被鼠标拖离弹弓时,当松开鼠标后,需要计算发射角度、速度等变量的值,添加如图7-25所示的脚本。

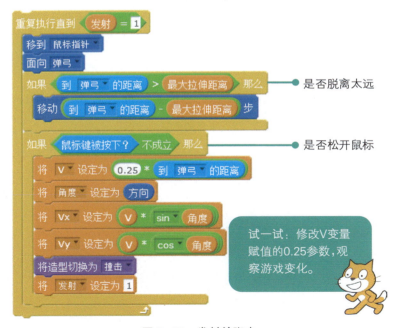

图7-25 发射前脚本

**05 编写飞行脚本** 小鸟离开弹弓后,会形成抛物线轨迹,在飞行时,为了显示出轨迹,使用画笔画出轨迹,当小鸟停止后,重新装载到弹弓,等待下一次的发射,添加如图 7-26 所示的脚本。

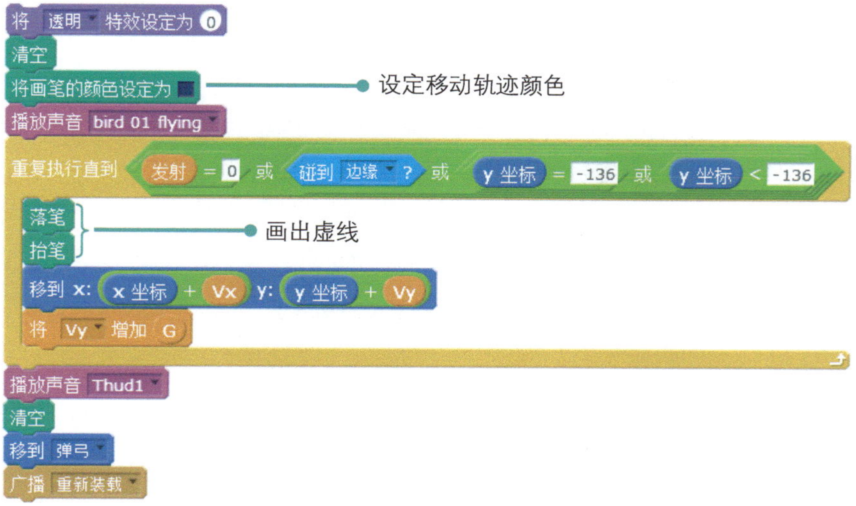

图 7-26　飞行脚本

**06** **保存文件**　运行、测试游戏，将文件以"愤怒的小鸟（终）.sb2"为名保存。

# 练一练

 **1. 改一改**

想一想，本案例游戏中，如果想添加多个肥猪角色，怎样实现？提示：克隆角色或者复制多个新角色。请试着编写脚本实现效果。

 **2. 试一试**

分数总是能激发玩游戏的积极性，会变得更有趣。请尝试运用变量，当肥猪被击打后，累加游戏得分。

# 读一读

### 1. 新建声音

Scratch 软件的声音库中提供了丰富的声音素材，如动物类、效果类、电子声类、人声类、乐器类、循环音乐类、打击乐器类和声乐类 8 种类型声音。按照图 7-27 所示操作，选择声音库中的声音。

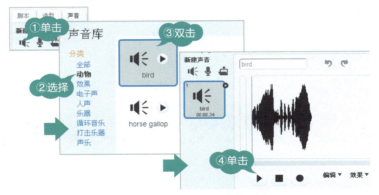

图 7-27 选择声音库中的声音

## 2. 编辑声音

在 Scratch 中，添加角色或背景的声音后，可在软件中进行简单的编辑和效果设置，按图 7-28 所示操作，增加音量。

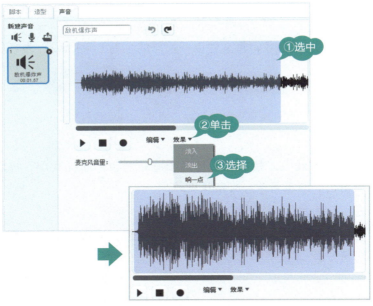

图 7-28 增加声音音量

## 案例 3 飞天企鹅冲关记

"飞天企鹅冲关记"游戏是跑酷类游戏，玩家通过键盘控制游戏角色"飞天企鹅"躲避障碍物。游戏界面如图 7-29 所示。

扫一扫，看视频

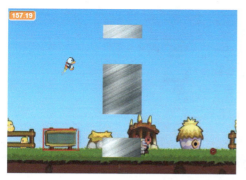 

图 7-29 游戏"飞天企鹅冲关记"效果图

与小伙伴一起玩一玩，并说一说自己的新发现

- 场景：_____
- 角色：_____
- 规则：_____

### 1. 情节规划

"飞天企鹅冲关记"的游戏界面包括游戏启动背景、场景、飞天企鹅、镰刀、宝剑、盾、闯关成功、开始按钮等角色。游戏的场景和角色如图 7-30 所示。游戏设计的基本思路是用键盘控制游戏角色的上下移动，用场景的移动实现飞天企鹅飞行的效果。

### 2. 脚本规划

为了实现"飞天企鹅冲关记"游戏的功能，需要对场景、每个角色进行细致的规划分析，重点的脚本分析说明如表 7-3 所示。

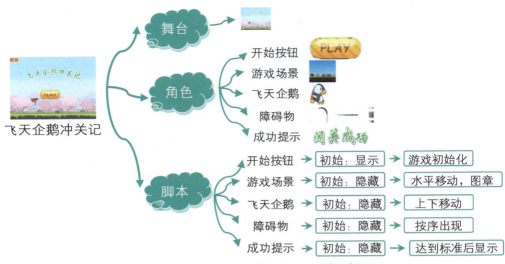

图 7-30 "飞天企鹅冲关记"游戏分析

表 7-3 脚本规划

| 舞台 | 角色 | 动画情景 | Scratch 积木 |
|---|---|---|---|
| 游戏封面 | 开始按钮 | ★当▶被单击，固定位置显示<br>★当角色被单击，隐藏并广播 | 事件 当▶被单击；当角色被单击<br>运动 移动 x,y 坐标 |
| | 飞天企鹅 | ★当▶被单击，隐藏<br>★接收到初始化，固定位置显示<br>★接收到开始游戏，显示飞行效果<br>★接受键盘控制，检测是否碰到绿圈 | 事件 接收到广播<br>控制 重复执行；如果……那么……<br>数据 新建变量；设定变量值为<br>运算 逻辑运算 |
| | 场景 | ★当▶被单击，隐藏<br>★接收到开始游戏，根据变量值确定左移速度 | 事件 接收到广播<br>控制 如果……那么……<br>数据 设定变量值为<br>运算 逻辑运算 |
| | 障碍物：<br>镰刀、宝剑、盾 | ★当▶被单击，隐藏<br>★当接收到角色出现，根据企鹅位置左移，检测是否碰到企鹅 | 事件 接收到广播<br>控制 重复执行直到<br>运算 逻辑运算 |
| | 闯关成功 | ★当▶被单击，隐藏<br>★接收到闯关成功，由小变大显示 | 事件 接收到广播<br>控制 重复执行……次<br>外观 移至最上层 |

第 7 章　竞技游戏

## 做一做

### 1. 设置游戏背景和角色

制作游戏，首先要准备好背景和相应的角色。该游戏中有 7 个角色，包括开始按钮、场景、飞天企鹅、镰刀、宝剑、盾、闯关成功。

**01 新建项目**　新建项目，将文件保存为"飞天企鹅冲关记.sb2"。

**02 添加背景**　添加背景，命名为封面，背景造型如图 7-31 所示。

图 7-31　背景造型

**03 添加角色及造型**　根据规划，分别添加角色开始按钮、场景、飞天企鹅、镰刀、宝剑、盾、闯关成功，各角色及造型如图 7-32 所示。

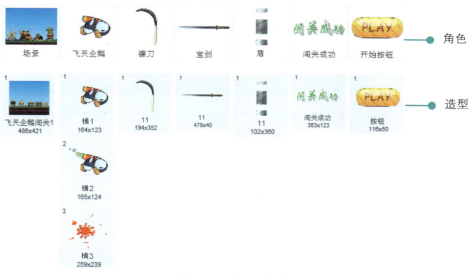

图 7-32　角色及造型

### 2. 编写脚本

本游戏的关键点是为了角色实现向右飞行效果，让游戏场景向左移，当玩家按下右移键时，游戏场景按一定速度左移，当松开键盘时，移动速度降低。

> **设置开始按钮脚本**
> 
> 游戏启动后，单击游戏封面开始按钮，游戏初始化，实现一定的交互效果，使设计的游戏更有趣味性。

01 **算法分析** 游戏启动后，在固定位置显示开始按钮；当开始按钮被单击时，广播"初始化"，隐藏按钮。

02 **编写按钮脚本** 根据分析，为开始按钮角色添加如图 7-33 所示的脚本。

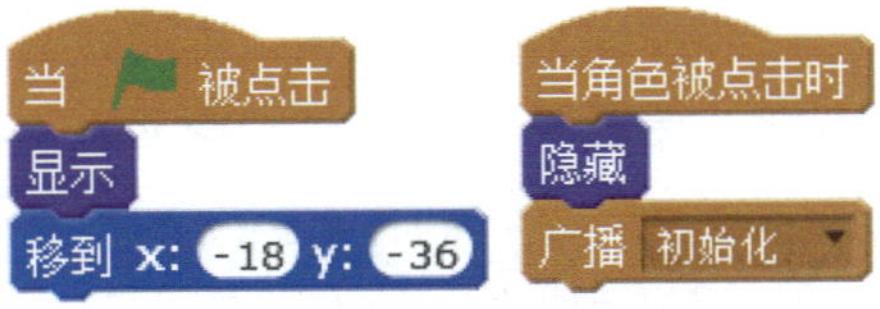

图 7-33 开始按钮脚本

### 设置镰刀角色脚本

企鹅飞行的过程中，障碍物镰刀会在指定的路途中出现，飞向企鹅，阻碍企鹅前进。

01 **算法分析** 当 ▶ 被单击后，角色隐藏。当接收到"镰刀出现"消息后，镰刀会在企鹅同一水平高度，旋转着飞向企鹅，若碰到企鹅，游戏结束。

02 **编写镰刀角色脚本** 根据分析，为镰刀角色添加如图 7-34 所示的脚本。

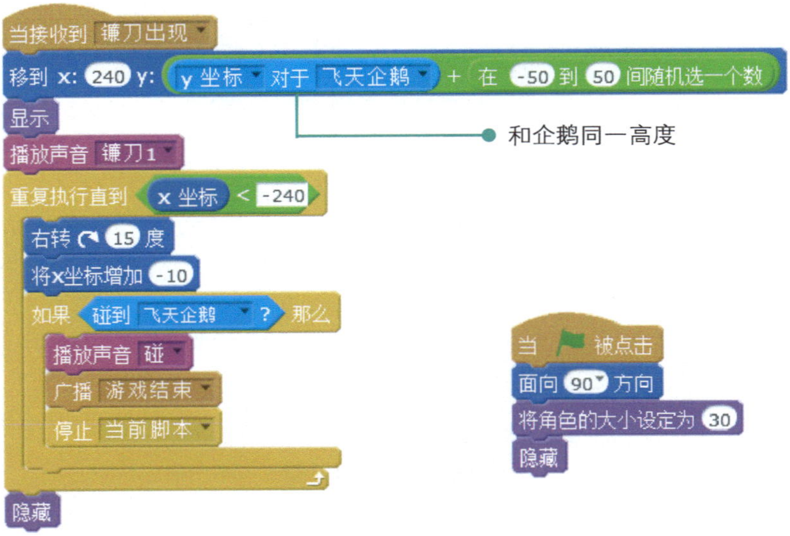

图 7-34 镰刀角色脚本

### 设置宝剑角色脚本

企鹅飞行的过程中，障碍物宝剑也会在指定的路途中出现，飞向企鹅，阻碍企鹅前进。

第 7 章 竞技游戏

01 **算法分析** 当 🚩 被单击后，角色隐藏。当接收到"宝剑出现"消息后，宝剑会在企鹅同一水平高度，飞向企鹅，若碰到企鹅，游戏结束。

02 **编写宝剑角色脚本** 根据分析，为宝剑角色添加如图 7-35 所示的脚本。

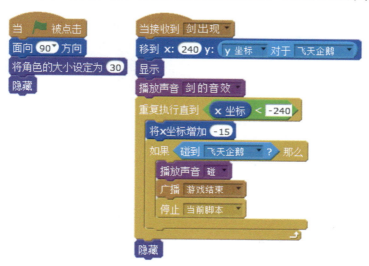

图 7-35 宝剑角色脚本

### 设置盾角色脚本

企鹅飞行的过程中，盾和镰刀、宝剑一样，会阻挡企鹅的路线。

01 **算法分析** 当 🚩 被单击后，角色隐藏。当接收到"盾出现"消息后，盾会出现，向左移动，若碰到企鹅，游戏结束。

02 **编写盾角色脚本** 根据分析，为盾角色添加如图 7-36 所示的脚本。

**找一找**：观察脚本，找找与镰刀、宝剑角色脚本的区别。

图 7-36 盾牌角色脚本

### 设置企鹅角色脚本

企鹅在游戏中要处理的问题是：一是如何控制实现飞行效果；二是如何传递参数给场景，使场景左移，实现企鹅向右飞的效果。

**01 初始状态分析** 当 🏁 被单击后，角色隐藏。当接收到"初始化"消息后，企鹅以飞行姿态悬停在指定位置。

**02 编写初始状态脚本** 根据分析，设置企鹅角色初始状态，添加如图7-37所示的脚本。

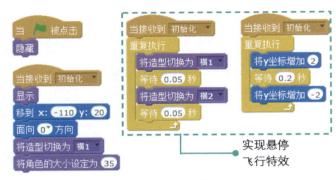

图7-37 企鹅角色初始状态脚本

**03 "开始游戏"算法分析**

当接收到"开始游戏"消息后，企鹅角色受键盘按键控制，同时传递参数给场景角色，具体算法分析如图7-38所示。

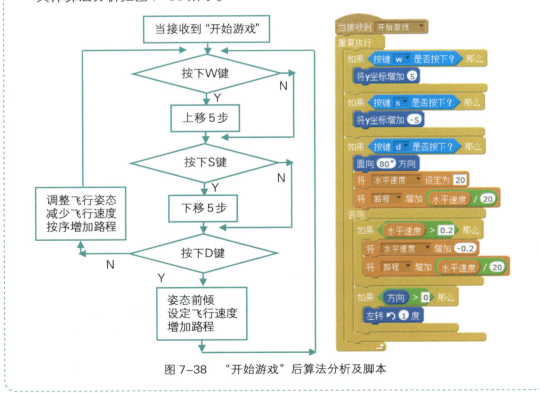

图7-38 "开始游戏"后算法分析及脚本

**04 编写"开始游戏"消息脚本** 根据分析,编写企鹅角色接收到"开始游戏"消息脚本,参考脚本如图 7-38 所示。

**05 "游戏结束"算法分析** 当接收到"游戏结束"消息后,切换造型,企鹅角色下移,实现坠落效果。

**06 编写"游戏结束"消息脚本** 根据分析,按如图 7-39 所示添加企鹅角色接收到"游戏结束"消息脚本。

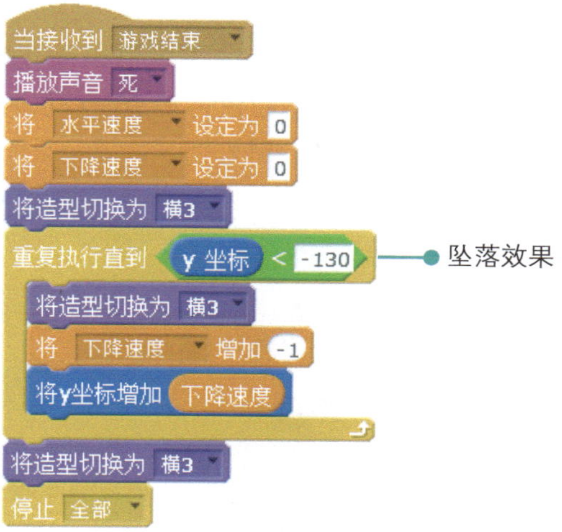

图 7-39 企鹅角色"游戏结束"消息脚本

## 设置场景脚本

设计游戏时,可以移动游戏的场景,使玩家感觉角色在移动。

**01 算法分析** 当收到"开始游戏"消息后,场景角色的水平位置根据水平速度的变化向左移动,当移动了整个屏幕大小后,重置水平位置。

**02 编写背景脚本** 根据分析,为场景角色添加如图 7-40 所示的脚本。

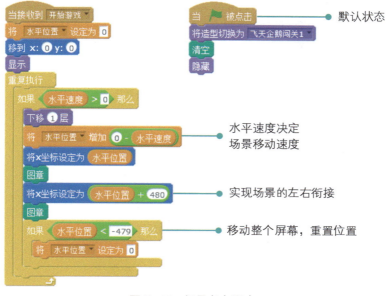

图 7-40 场景角色脚本

### 设置背景脚本

游戏中的公用功能，可以在背景中添加脚本来实现，如播放背景音乐等。

**01 算法分析** 游戏启动后，背景造型切换为"封面"，当接收到"初始化"消息后，循环播放背景音乐，造型切换为"背景1"，重置路程、水平速度变量后，广播"开始游戏"。当接收到"开始游戏"消息后，根据路程不同设定障碍物。

**02 编写背景脚本** 根据分析，为背景添加如图 7-41 所示的脚本。

图 7-41 背景脚本

### 设置闯关成功角色脚本

游戏成功后，可以用切换背景造型的方式提示，还可以显示游戏成功的角色。

**01 算法分析** 当 ▶ 被单击后，角色隐藏。当接收到"闯关成功"消息后，角色由小逐渐变大出现后，停止全部。

**02 编写闯关成功角色脚本** 根据分析，按如图 7-42 所示添加闯关成功角色脚本。

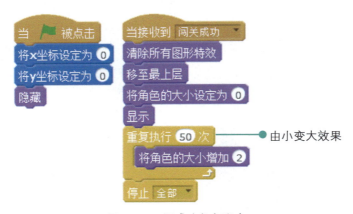

图 7-42 闯成功角色脚本

**03 保存文件** 运行、测试游戏，将文件以"飞天企鹅冲关记(终).sb2"为名保存。

第 7 章 竞技游戏

 练一练

### 1. 改一改

想一想，本案例游戏中，如果想增加游戏难度，增大路程长度，同时提高障碍物出现的频率，怎样实现？提示：可以增加闯关成功路程数值，让障碍物角色多次出现。请试着编写脚本实现效果。

### 2. 试一试

若游戏失败后，提示鼓励性语言，游戏会变得更有趣。请尝试新建失败提示角色或添加失败提醒背景造型实现该功能。

 读一读

### 1. 导入导出角色

在制作 Scratch 作品时，常用"从本地文件中上传角色"命令导入外部素材添加角色。相反，如图 7-43 所示，在角色区编辑好的角色，可以使用"保存到本地文件"命令将角色保存，保存的角色以".sprite2"为扩展名。Scratch 中导出的角色不仅保留了角色自身的属性，还保留了其原有的脚本、造型和声音信息。

图 7-43 导出角色

### 2. 长幅背景

在 Scratch 中，舞台的宽度为 480、高度为 360，一个背景的长度有时候难以满足游戏的需要，如"飞天企鹅冲关记"游戏场景。将游戏场景以角色的形式出现，用图章积木可以搭建连续的背景，如确定场景的 x 坐标后用图章画出一个场景，再在 x 坐标 + 480 位置再用图章画一个场景，即可得到连续的长幅背景，如图 7-44 所示。

173

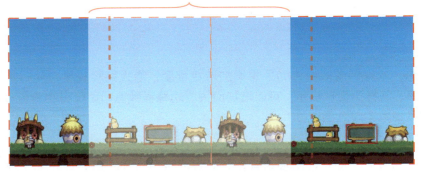

图 7-44 长幅背景搭建

# 第8章 策略游戏

策略游戏需要玩家运用不同的谋略来完成游戏任务，还会根据完成的好坏程度来提高在游戏中的等级，代表作有植物大战僵尸、王者荣耀等。

本章围绕策略游戏主题，设计了"深海大战""贪吃蛇""拼图游戏"3个游戏。这3个游戏的难度层层递进，将克隆、自定义积木、数组等融入作品中讲解，以有趣的案例，让学习者在玩中学习，学中玩。

 案例1　深海大战

 案例2　贪吃蛇

 案例3　拼图游戏

**Scratch 游戏编程趣味课堂**

## 案例 1　深海大战

扫一扫，看视频

"深海大战"是一款简单的策略游戏，玩家通过控制潜艇发射导弹来消灭敌舰，保卫祖国，消灭一切进犯的敌人。当敌舰被消灭，出现爆炸效果，使游戏更让人喜爱，游戏效果如图 8-1 所示。

图 8-1　游戏"深海大战"效果图

 **玩一玩**

与小伙伴一起玩一玩，并说一说自己的新发现

- 场景：_____
- 角色：_____
- 规则：_____

 **想一想**

### 1. 情节规划

制作"深海大战"游戏，游戏分析如图 8-2 所示。需要制作游戏背景和 4 个角色（潜艇、敌舰、导弹、爆炸）。游戏运行后，使用方向键控制潜艇，按空格键发射导弹，当导弹与敌舰碰撞后，显示爆炸效果，同时潜艇和敌舰消失，得 1 分，若没有击中敌舰，则失 1 分。当得 5 分时，显示胜利画面；失 5 分时，显示失败画面。使用"克隆"指令，让导弹重复出现，使用"新积木"指令来记录导弹的 x,y 坐标，让导弹准确地在敌舰上爆炸。

第 8 章 策略游戏

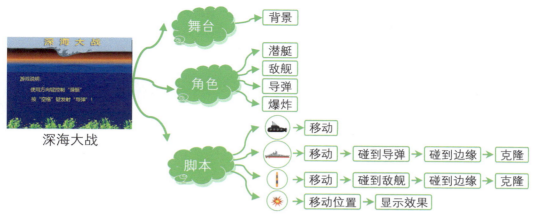

图 8-2 游戏 "深海大战" 分析图

## 2. 脚本规划

为了实现 "深海大战" 游戏的功能，要对背景、每个角色进行细致的规划分析，具体说明如表 8-1 所示。

表 8-1 背景、各角色规划

| 舞台 | 角色 | 动画情景 | Scratch 积木 |
|---|---|---|---|
| 开始画面 | 潜艇 | ★按下←键，向左移动<br>★按下↑键，向上移动<br>★按下→键，向右移动<br>★按下↓键，向下移动 | 运动 使用方向键移动<br>控制 按空格键广播 "发射" |
| 游戏画面 | 敌舰 | ★开始隐藏<br>★随机出现在上方<br>★若碰到炸弹，隐藏 | 控制 克隆<br>侦测 碰到……<br>运算 随机数 |
| | 炸弹 | ★开始隐藏<br>★按空格键出现在潜艇位置<br>★若碰到敌舰，隐藏 | 控制 克隆<br>侦测 碰到……<br>运算 随机数 |
| | 爆炸 | ★开始隐藏<br>★若炸弹碰到敌舰，出现 | 控制 克隆<br>侦测 碰到…… |

 做一做

## 1. 设置背景与角色

准备好游戏背景和角色素材后，就可以导入素材制作游戏背景和角色造型了，从本地文件夹中上传背景及角色并设置其属性，为编写程序做好准备工作。

**01 新建项目** 新建 Scratch 项目，单击"删除"按钮，删除默认的"小猫"角色。

**02 上传背景** 单击"从本地文件中上传背景"按钮，添加背景"深海.png""开始.png""成功.png""失败.png"。

**03 上传潜艇角色** 单击"从本地文件中上传角色"按钮，添加角色"潜艇"，并调整其大小和位置。

**04 添加其他角色** 按照同样的方法，添加其他角色并调整其属性。

## 2. 设置角色脚本

添加好游戏背景和角色后，根据规划的各角色功能，设置相对应的角色脚本。

### 设置初始状态

游戏开始后，各角色表现为不同的初始状态，选定角色，添加相应的指令。

**初始设置** 每个角色在 ▶ 被单击时，均表现为不同的状态，给每个角色设置脚本，效果如图 8-3 所示。

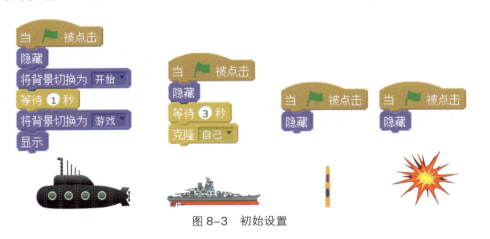

图 8-3 初始设置

### 编写程序

根据游戏需要，分别给每个角色编写相应的脚本，还要新建多个变量用于存储数据。

**01 操控潜艇** 编写控制潜艇移动的脚本，如图 8-4 所示。

**02 克隆敌舰** 敌舰以克隆体的形式重复出现，在"敌舰"角色脚本中，按图 8-5 所示操作，编写脚本。

第 8 章 策略游戏

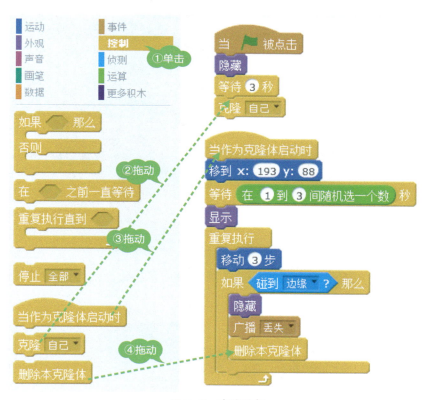

图 8-4 操控潜艇脚本

图 8-5 克隆敌舰

## 提个醒

克隆"自己"后,需要编写克隆体启动脚本,从而实现"敌舰"重复出现的目的,执行完克隆体脚本后,删除本克隆体。

179

**03 新建变量** 根据规划，案例需要新建 5 个变量，按图 8-6 所示操作，新建变量。

**04 记录坐标** 在"导弹"角色脚本中，按图 8-7 所示操作，将"导弹"击中"敌舰"时的坐标记录下来，存储到 x、y 变量中。

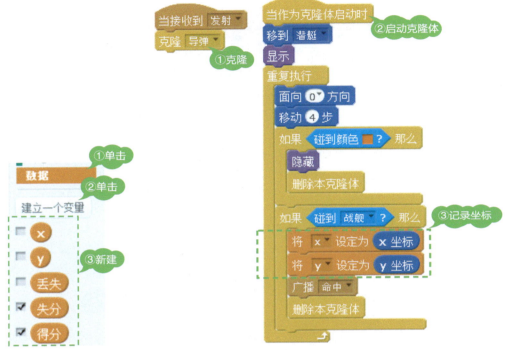

图 8-6 新建变量　　　　　　　图 8-7 记录坐标

**05 使用坐标** 在"爆炸"角色脚本中，按图 8-8 所示操作，使用 x、y 变量，让游戏产生爆炸效果。

图 8-8 使用坐标

**06 完善脚本** 在"潜艇"角色脚本中，按图 8-9 所示完善脚本，测试并保存脚本。

**07 保存文件** 运行、测试程序，保存文件为"深海大战(终).sb2"。

第 8 章 策略游戏

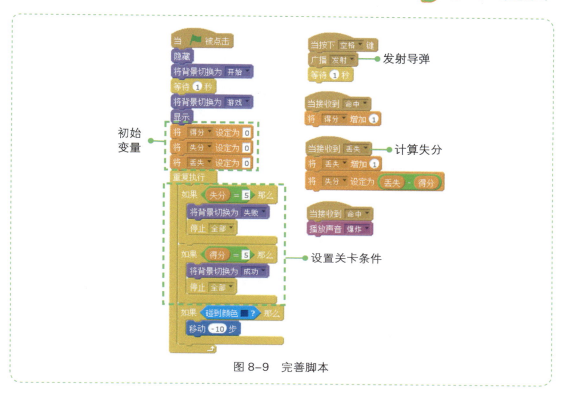

图 8-9 完善脚本

 读一读

### 1. Scratch 克隆

使用克隆积木，可以产生一个与被克隆体完全相同属性的角色，克隆体没有独立的脚本，但却执行与本体一样的脚本，是一个特殊的存在。

### 2. 舞台坐标

角色在舞台上的位置使用坐标来确定，Scratch 软件中的舞台中心点为原点，确定角色的位置坐标如图 8-10 所示。

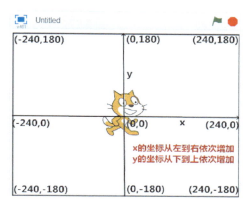

图 8-10 Scratch 舞台坐标

**Scratch 游戏编程趣味课堂**

## 练一练

### 1. 改一改

尝试增加游戏得分数量，例如得分等于 15 时，才显示成功画面，脚本如图 8-11 所示。

图 8-11 提高得分数量

### 2. 试一试

试试修改"敌舰"运行速度，当得分大于 5 时，每提高 1 分，速度就增加 1，直到失败为止。

## 案例 2 贪吃蛇

"贪吃蛇"游戏是一款经典游戏，使用键盘控制角色，去寻找苹果，然后吃掉苹果，每吃一个苹果，身体就会生长一节，玩起来简单、有趣，游戏效果如图 8-12 所示。

扫一扫，看视频

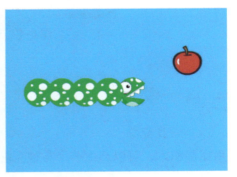

图 8-12 游戏"贪吃蛇"效果图

## 玩一玩

与小伙伴一起玩一玩，并说一说自己的新发现

♡ 场景：_____

♡ 角色：_____

♡ 规则：_____

 想一想

### 1. 情节规划

制作"贪吃蛇"游戏,游戏分析如图8-13所示。需要制作游戏背景和4个角色(苹果、蛇头、蛇身、开始按钮)。游戏运行后,使用键盘方向键控制蛇头,当蛇头吃到苹果,则蛇身就生长出1个,

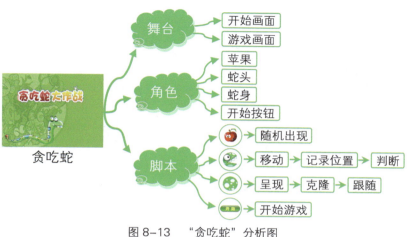

图8-13 "贪吃蛇"分析图

以此类推。这是一个较为复杂的游戏,它使用了克隆、变量、列表和制作新积木等,其中计算蛇身跟随蛇头行进尤为复杂,使用多个列表存储数据。

### 2. 脚本规划

为了实现"贪吃蛇"游戏的功能,要对背景、每个角色进行细致的规划分析,具体说明如表8-2所示。

表8-2 背景、各角色规划

| 舞台 | 角色 | 动画情景 | Scratch积木 |
|---|---|---|---|
| 开始画面 | 蛇头 | ★按←键,向左移动<br>★按↑键,向上移动<br>★按→键,向右移动<br>★按↓键,向下移动 | 运动 使用方向键移动<br>侦测 碰到…… |
| 游戏画面 | 蛇身 | ★开始隐藏<br>★跟随"蛇头"移动<br>★当"蛇头"碰到"苹果",克隆自己 | 控制 克隆<br>侦测 碰到……<br>运算 随机数 |
| | 苹果 | ★开始隐藏<br>★随机出现<br>★碰到"蛇头",隐藏<br>★接收到"下一步",显示 | 控制 克隆<br>侦测 碰到……<br>运算 随机数 |
| | 开始 | ★开始显示<br>★单击▶后隐藏,开始游戏 | 事件 当角色被单击 |

## 做一做

### 1. 设置背景与角色

背景由开始画面和游戏画面两部分组成,开始画面由本地文件导入,游戏画面选择纯色背景图片。然后从本地文件夹中上传角色并设置角色属性,为编写程序做好准备工作。

**01 新建项目** 新建 Scratch 项目,单击"删除"按钮,删除"小猫"角色。

**02 上传开始画面** 单击"从本地文件中上传背景"按钮,添加"贪吃蛇.png"。

**03 添加游戏画面** 单击"从背景库中选择背景"按钮,添加"blue sky3"。

**04 上传角色** 单击"从本地文件中上传角色"按钮,添加"苹果""蛇头""蛇身""开始按钮"角色并调整其大小。

### 2. 设置角色脚本

添加好游戏背景和角色后,根据规划的各角色功能,设置相对应的角色脚本。

#### 添加变量与列表

游戏中需要变量来储存数据,根据需要添加全局变量与局部变量,还要使用列表来交换数据。

**01 新建全局变量** 根据案例需要,新建 3 个全局变量,如图 8-14 所示。

**02 新建局部变量** 根据案例需要,分别给角色建立局部变量,如图 8-15 所示。

图 8-14 新建全局变量

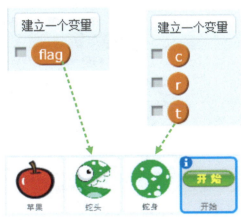

图 8-15 新建局部变量

**03 新建列表** 再用同样的方法,新建 3 个列表,用于存储变量数据,如图 8-16 所示。

## 第 8 章 策略游戏

**04 新建积木** 在"蛇头"角色中分别新建 X、Y、D 积木,分别用于记录X、Y、方向。

**05 编写积木脚本** 为新增的积木编写脚本,定义为新的脚本,方便编程时使用该积木,如图 8-17 所示。

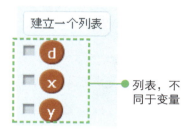

图 8-16 新建列表

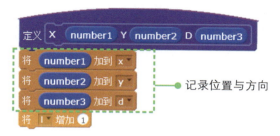

图 8-17 编写积木脚本

### 编写程序

根据游戏需要,分别给每个角色编写相应的脚本,还要新建多个变量用于存储数据。

**01 初始设置** 每个角色在 ▶ 被单击时,"苹果""蛇头""蛇身"均为"隐藏","开始按钮"脚本如图 8-18 所示。

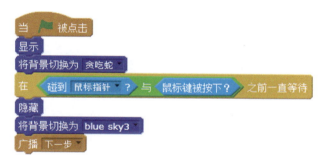

图 8-18 初始设置

**02 编写苹果脚本** 在"苹果"角色中编写游戏脚本,如图 8-19 所示。

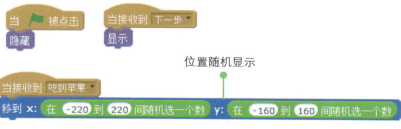

图 8-19 编写苹果脚本

185

03 **蛇头设置** 当"开始按钮"被单击时，蛇头接收到启动信息，初始化变量信息，脚本如图 8-20 所示。

图 8-20　蛇头设置

04 **控制蛇头** 在"蛇头"角色中编写控制其行进的游戏脚本，如图 8-21 所示。

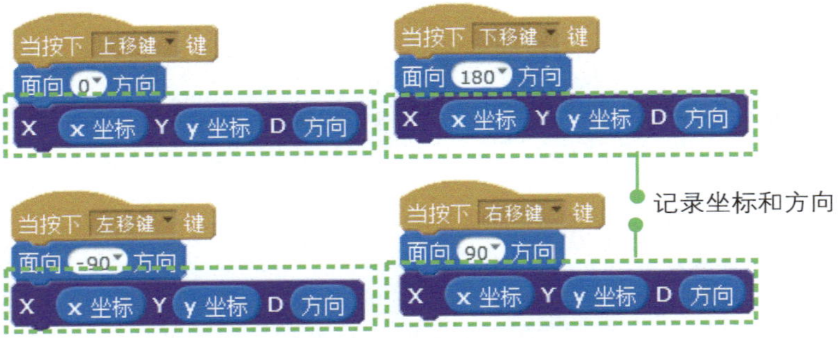

图 8-21　控制蛇头

05 **开始与结束** 在"蛇头"角色中，编写"开始"与"结束"游戏脚本，如图 8-22 所示。

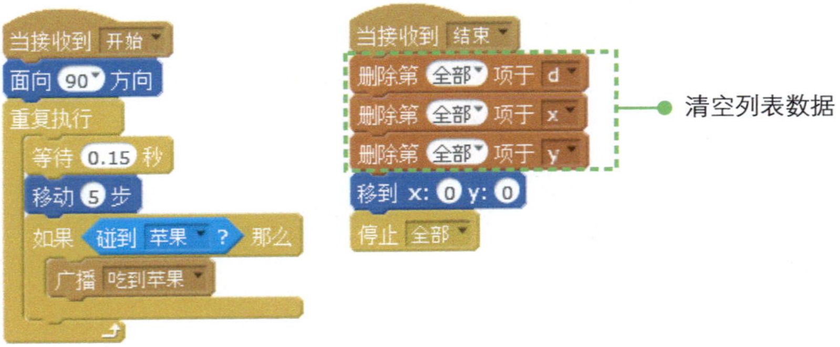

图 8-22　开始与结束脚本

06 **编写蛇身脚本** 在"蛇身"角色中编写游戏脚本，如图 8-23 所示。

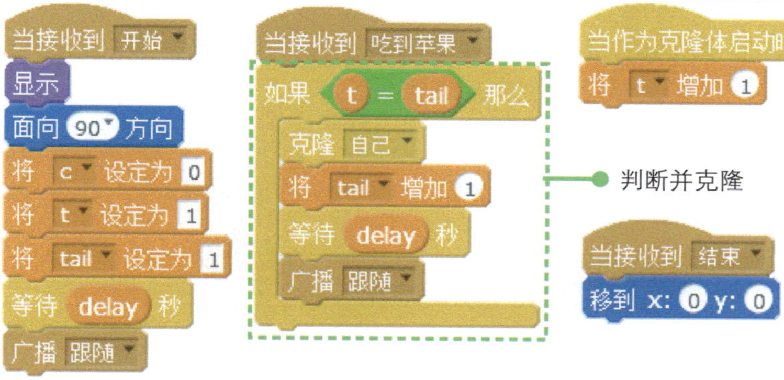

图 8-23　蛇身脚本

**07 编写蛇身跟随脚本**　"蛇身"一直跟随着"蛇头"行进，编写游戏脚本，如图 8-24 所示。

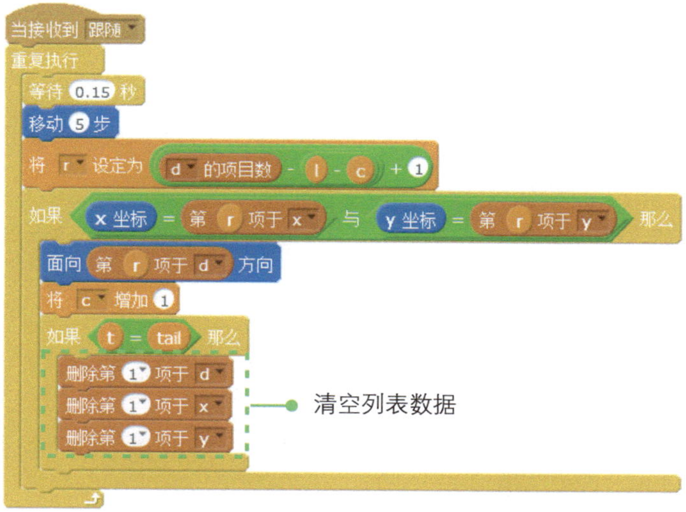

图 8-24　编写蛇身跟随脚本

**08 保存文件**　运行、测试程序，保存文件为"贪吃蛇（终）.sb2"。

## 读一读

### 1. Scratch 变量

Scratch 变量分为"适用于所有角色"和"仅适用于当前角色"两种，其作用不相同，主要区别有以下两点。

♡ **适用范围不同**　"适用于所有角色"指此变量所有角色均可使用，"仅适用于当前角色"

的变量其他角色不可使用。

♡ **显示方式不同** "适用于所有角色"变量在每个角色中都能看到,"仅适用于当前角色"变量只在当前角色中显示,在其他角色中不显示。

### 2. 新建积木选项

Scratch 中的积木可以添加数字参数、字符串、布尔参数等多种选项,如图 8-25 所示。

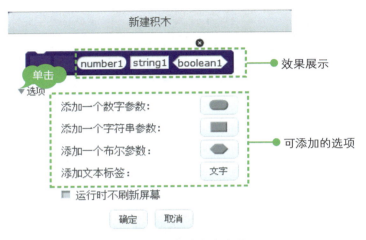

图 8-25 新建积木选项

### 1. 改一改

尝试增加游戏难度,设计失败条件,当"蛇头"碰到边缘时,就判断游戏失败,此时结束游戏。

### 2. 试一试

试一试增加关卡,当"蛇身"达到一定数量时,变化背景,改变造型,提高游戏的趣味性。

## 案例3  拼图游戏

拼图游戏是常见的游戏,十分好玩,还很益智。制作一个拼图游戏,先要选择一张图片,将完整的图片分割成若干部分,随机排列。使用鼠标单击图片碎片,图片碎片移动,直到拼成一个完整的

扫一扫,看视频

图，游戏效果如图 8-26 所示。

图 8-26 "拼图游戏"效果图

## 玩一玩

与小伙伴一起玩一玩，并说一说自己的新发现

♡ 场景：_____

♡ 角色：_____

♡ 规则：_____

## 想一想

 **1. 情节规划**

制作"拼图游戏"，先将完整的图片分割成若干拼图块，随机分布这些拼图块，其中一块为纯色，通过鼠标单击图片块移动图片块，使图片块移动到正确的位置，当所有图片块都在正确的位置时，拼图完成，分析如图 8-27 所示。

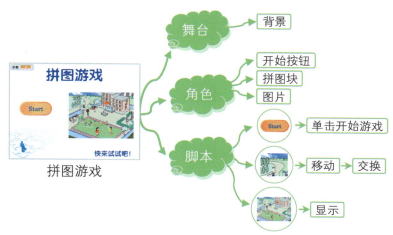

图 8-27 "拼图游戏"分析图

189

**Scratch 游戏编程趣味课堂**

## 2. 脚本规划

为了实现"拼图游戏"的功能，要对背景、每个角色进行细致的规划分析，具体说明如表 8-3 所示。

表 8-3　背景、各角色规划

| 舞台 | 角色 | 动画情景 | Scratch 积木 |
| --- | --- | --- | --- |
| 游戏画面<br> | 开始按钮<br>Start | ★开始显示<br>★单击 🏁 后隐藏，开始游戏 | 事件 当角色被单击 |
| | 图片块 | ★开始隐藏<br>★克隆；启动克隆体<br>★角色被单击时，判断周边有没有纯色块，如果有则与之交换位置，如果没有则无反应 | 事件 当角色被单击<br>控制 克隆<br>侦测 碰到……<br>运算 计算并取值 |
| | 图片 | ★开始显示<br>★单击 🏁 后隐藏，开始游戏<br>★胜利时显示 | 事件 当 🏁 被单击 |

# 做一做

## 1. 准备素材

根据规划，先需要搜集并加工素材，将拼图图片分割成均等的 9 块，为制作游戏做准备工作。

**01 加工素材**　使用图片处理软件（如 Photoshop），将图片分割成图片块，如图 8-28 所示。

图 8-28　加工素材

在 Photoshop 软件中使用"切片工具"将图片分割成若干份，然后选择"存储为 Web 所用格式"命令保存即可。

**02 整理素材** 将搜集和制作的素材整理到一个文件夹中，方便制作游戏时使用。

### 2. 设置角色脚本

制作作品程序脚本前，先添加游戏背景和角色后，根据规划的各角色功能，设置相对应的角色脚本。

#### 添加变量

游戏中需要变量来储存数据，根据需要添加全局变量与局部变量。

**01 打开文件** 找到并打开"拼图游戏（初）.sb2"源文件，在原有程序的基础上，继续编写脚本。

**02 新建全局变量** 根据案例需要，新建9个全局变量，其中只显示"步数"变量，其他变量均不显示，如图8-29所示。

**03 新建局部变量** 根据案例需要，分别给角色建立局部变量，脚本如图8-30所示。

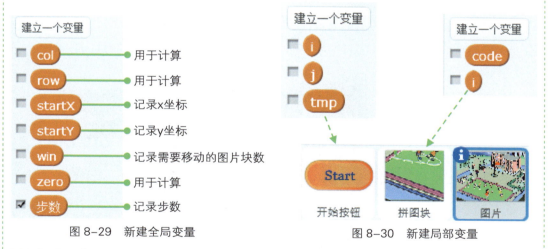

图8-29 新建全局变量　　　　图8-30 新建局部变量

**04 新建列表** 再用同样的方法，新建一个列表，命名为location，用于存储变量数据。

#### 搭建脚本

定义新积木来减少指令数量，给角色搭建脚本，运行程序并调试修改。

01 **开始游戏**  当"开始按钮"被单击时,将启动游戏,同时检查游戏状态,程序脚本如图 8-31 所示。

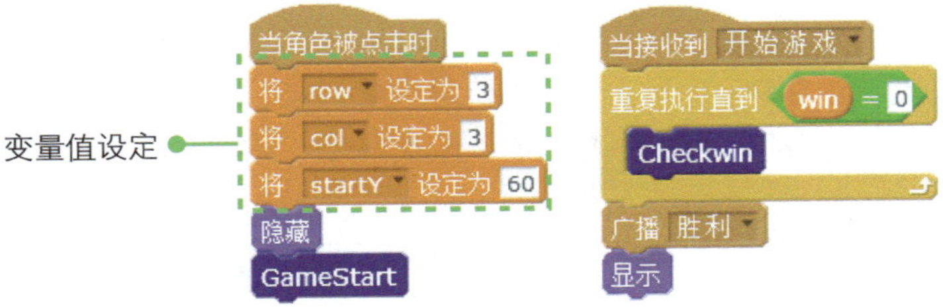

图 8-31  开始游戏脚本

02 **排列图片**  在游戏开始后,将需要完成的拼图块打乱顺序,随机排列,脚本如图 8-32 所示。

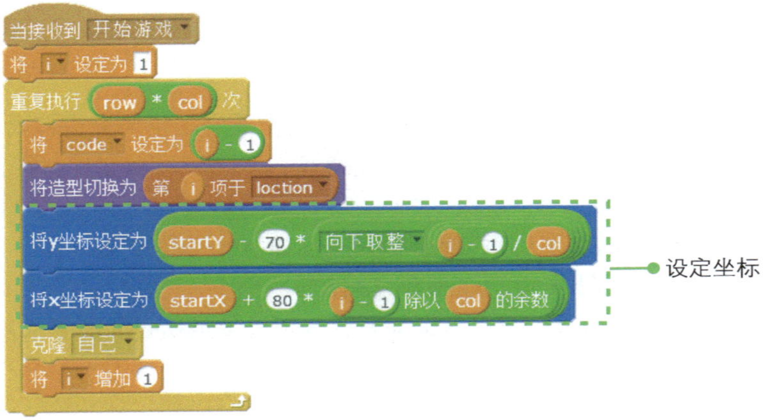

图 8-32  排列图片脚本

03 **图片被单击时脚本**  在拼图块角色的脚本中,编写角色被单击时的脚本,如图 8-33 所示。

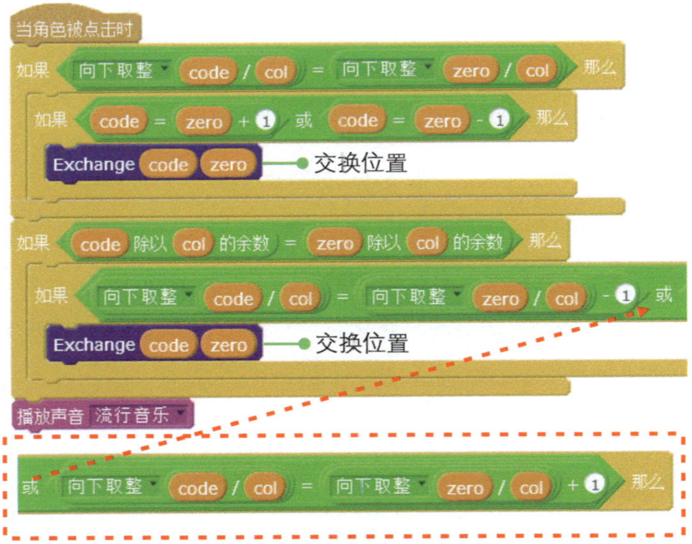

图 8-33  图片被单击时脚本

**04 交换图片块** 在拼图块角色的脚本中，编写交换图片位置的脚本，如图 8-34 所示。

**05 保存文件** 运行、测试程序，保存文件为"拼图游戏(终).sb2"。

图 8-34 交换图片块

## 读一读

### 1. 列表

1 个变量可以存储 1 个值，100 个值就需要 100 个变量，这在编程过程中显然不可取，使用列表就可以很好地解决这个问题，它可以存放许多变量的数组，只需要 1 个列表即可。

### 2. 新积木

Scratch 中的脚本有些是重复使用的，每次都编写 1 次，费时又费力，可将其定义成新积木。如图 8-35 所示为绘制正方形的积木，以后可以直接使用。

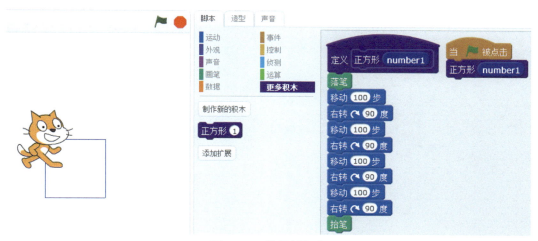

图 8-35 使用新积木

## 练一练

### 1. 改一改

尝试将 9 号拼图修改成笑脸图案，效果如图 8-36 所示。

图 8-36 修改图案

### 2. 试一试

本案例只设置了一个关卡，尝试在案例的基础上，增加一个关卡，当拼图成功后，进入下一关，再拼一幅图。